INTUIÇÕES

*Como Encontrar Respostas para os
Problemas da Vida*

THERESA WINTER

INTUIÇÕES

Como Encontrar Respostas para os Problemas da Vida

Tradução
ANTONIO CABRAL

EDITORA PENSAMENTO
São Paulo

Título do original:
*Finding the Answers to the Problems of Life
Intuitions
Seeing With the Heart*

Copyright © 1988 by Theresa Winter.

Edição	Ano
2-3-4-5-6-7-8-9-10	94-95-96-97

Direitos de tradução para a língua portuguesa
adquiridos com exclusividade pela
EDITORA PENSAMENTO LTDA.
Rua Dr. Mário Vicente, 374 – 04270 – São Paulo, SP – Fone: 272 1399
que se reserva a propriedade literária desta tradução.

Impresso em nossas oficinas gráficas.

Ao meu pai...
que me ensinou a ser calma

Sumário

Introdução, 9

Primeira Parte — Eu, 13

Segunda Parte — Você, 49

Capítulo Um — Intuições. Física, emotiva e espiritual, 53

Capítulo Dois — Sonhos. As respostas provêm dos sonhos
Os sonhos são reais enquanto duram.
Poderíamos saber mais sobre a vida?, 63

Capítulo Três — Vida e Carreira. Encontrando o seu objetivo, 73

Capítulo Quatro — Saúde. Seu corpo fala com você — escute-o
Com a mente você cria o seu bem-estar físico, 85

Capítulo Cinco — Decisões nos negócios. Antes de tomar decisões, considere os fatos e os seus sentimentos, 93

Capítulo Seis — Relacionamentos. Companheiro ideal, almas gêmeas e o modo de conhecer as eventuais diferenças, 99

Capítulo Sete — Medo. O medo é a separação da verdade, do amor e do Universo, 109

Capítulo Oito — Diversões. Exercícios para divertir e aprimorar o conhecimento da nossa mente, 117

Capítulo Nove — Confiança. Existe uma ordem superior, 133

Capítulo Dez — Visualização. Somos o que pensamos. Tudo o que somos se desenvolve com os nossos pensamentos, 141

Capítulo Onze — O Jogo. Como proceder na vida, 147

Apêndice, 151

Introdução

"Somente com o coração se pode ver de forma correta; o essencial é invisível aos olhos." Aproximadamente há 20 anos eu grifei essa frase no livro *O Pequeno Príncipe*, de Saint-Exupéry. Intuitivamente, soube que de alguma forma era uma afirmação importante.

Este é um livro que gerou a si mesmo. Da minha parte percebo que qualquer coisa que precise ser dita está sendo dita. De fato não existem pensamentos novos ou originais; se estivermos atentos, perceberemos que já foram divulgados em algum lugar. Levando isto em conta, é difícil para mim começar a falar em intuição. Mas, por acreditar que as respostas já existem, acho que a dificuldade está em formular questões; dessa forma, passei a entender a intuição por um novo aspecto: ela não tem origem apenas na mente, mas no coração.

Tudo o que apresento aqui se baseia nas minhas experiências até o presente. Posso mudar de opinião e dizer algo diferente amanhã como resultado de um sonho ou de uma experiência que venha a ter. Se o que digo soa como verdade para você, passe a divulgá-lo. Se, pelo contrário, você achar que não é verdade, então compreenda com o coração, pois nele estão as respostas.

Bom proveito.

Winter

"Totó, tenho um pressentimento de que nunca mais voltaremos ao Kansas."

— Dorothy em *O Mágico de Oz*

Eu

Um: Se você acredita em contos de fadas...

Certa vez, quando os sonhos se tornavam realidade e se acreditava na existência de companheiros imaginários, havia uma garotinha que morava com os pais numa casa na floresta. Ela costumava passear por entre as árvores com os amigos (que só ela podia ver) e brincar de índio ou de *Chapeuzinho Vermelho*. Naquele tempo, os acontecimentos do cotidiano eram cheios de magia, e a garotinha podia criar tempestades ou curar e fazer o bem a qualquer criatura de Deus que tivesse a boa sorte de cair nas suas mãos abençoadas.

Nos dias em que tinha muita, mas muita sorte, o pai a levava para pescar. E nessas ocasiões ele a ensinava a ser calma, paciente, caso contrário, não seria capaz de ouvir o peixe quando este quisesse conversar com ela.

Quando não tinha tanta sorte, o pai ia jogar golfe. "Minha querida", dizia ele, "o golfe é como o jogo da vida. Cada tempo é uma jornada que, no final das contas, nos traz de volta ao ponto inicial. A bola é um símbolo de perfeição porque, sendo uma esfera, contém todo potencial. Quando está no ar, ela nos lembra que também podemos voar, caso direcionemos nossa mente de modo a 'estar' com ela durante esse percurso. Se você aprender a concentrar a sua mente e enviar aquela pequena bola branca ao lugar exato para onde pretende ir, então poderá ajustar a sua vida e criá-la do jeito que quiser. Não inveje o meu jogo de golfe, pois nesse jogo simples está a possibilidade de encontrar a verdade secreta da vida."

Aquela garotinha era eu.

Houve ocasiões em que meus pais e eu íamos visitar meus avós na Geórgia. Essas viagens podiam ocorrer em qualquer época do ano, em qualquer momento que papai decidisse deixar de lado, por alguns dias, os seus negócios. Sempre que chegávamos, o jantar estava esperando, quente, sobre a mesa. Por si só esse fato me deixava maravilhada, pois tínhamos viajado durante horas sem antes telefonar para minha avó dizendo quando deveríamos chegar. Aliás, ela não tinha telefone. Quando eu perguntava aos meus pais como ela sabia que deveria pôr o jantar na mesa, eles respondiam: "Ela simplesmente sabe." Embora racionalmente não se desse conta disso.

Durante a nossa visita, não era raro minha avó se referir a ruídos no andar de cima feitos por alguém que há tempos "deixou este plano de existência" ou, então, falar que via as "fadas dançando na chuva". Tudo isso era bastante normal para mim. Meus pais eram sábios o bastante para não dizer se acreditavam no que vovó dizia.

Quando comecei a estudar, logo descobri que as outras crianças não acreditavam em Papai Noel e não se importavam com fantasmas e fadas. Definitivamente, eu estava em minoria.

Esses primeiros anos de escola foram difíceis para mim. Sempre que o professor escrevia um problema de matemática na lousa, eu sabia a resposta, mas não conhecia as operações necessárias para resolvê-lo; por isso, era acusada de colar. Também fui acusada de ouvir, às escondidas, conversa alheia. Isso porque sabia de coisas que eu não poderia saber. "Se não tivesse ouvido, não saberia disso." Cedo aprendi que era melhor me manter calada e não falar daquilo que conhecia ou pensava.

Quando recordo minha infância, lembro de "conhecer coisas", mas sem relacionar esse conhecimento com alguma habilidade mediúnica. Certa ocasião soube de um garoto que havia se perdido e estava sentado à beira de uma lagoa; se eu não chegasse até o local, ele iria cair e se afogar. Pensei que era capaz de ficar em pé no quintal, olhar para a lagoa e vê-lo; mas, na realidade, não havia meio de conseguir isso, mesmo ficando em pé e olhando através da floresta, morro abaixo. Lembro de "saber" que outro amigo de infância ia morrer, e quando isso aconteceu pensei que havia causado a sua morte.

Freqüentemente, eu via animais de estimação que já tinham morrido andando ao redor de casa ou dormindo em sua cadeira favorita. Mamãe tentava dizer que eu os via porque assim desejava.

Um dia vi minha avó sentada numa cadeira em nossa casa, lugar onde não esperava encontrá-la. Quando contei à mamãe sobre isso, ela parou de falar que eu via coisas para satisfazer minhas expectativas.

Por ocasião desses acontecimentos, comecei a incluir um trecho nas minhas orações. Depois de rezar por todos os animais, inclusive para os meus, e também por todas as pessoas, eu dizia "...e, por favor, não me deixe ver fantasmas".

Lembro-me também que o meu maior medo ao longo de todos esses anos era o de que papai morresse e ficasse longe de mim. Ele morreu quando eu tinha 16 anos, e a partir daí bloqueei todas as minhas emoções. Afinal, que bem há em amar pessoas, se elas nos abandonam?

A morte de papai foi uma surpresa para mim, para minha mãe e para todos os que o conheciam. Ele era jovem e aparentava boa saúde, ainda que fumasse muito. Lembro que acordei à 0h23 sabendo que ele havia morrido (eu não estava em casa quando isso aconteceu). Levantei, fiz as malas e esperei pelo telefonema que daria a notícia. Enquanto isso, percebi a presença dele, tão real como nunca tinha sido em vida. Quando o telefone tocou, a notícia era a de que papai estava muito doente e se encontrava hospitalizado. No entanto, eu já sabia da verdade, pois o espírito de papai estava ao meu lado dando-me alento, dizendo-me como proceder nos dias subseqüentes.

Quando cheguei em casa, minha mãe, muito nervosa, havia tomado uns sedativos. Fui informada então que eu devia me encarregar do funeral. Eu, que nunca tinha ido a um enterro na vida! Eu não sabia nem o principal, ou seja, onde enterrar meu pai. Na Carolina do Norte ou na Geórgia? Qual o tipo de caixão ou, pior ainda, quanto dinheiro era necessário para fazer o enterro? Como resposta, meu pai se postou ao meu lado e calmamente me disse o que fazer, onde comprar um lote para o jazigo, o tipo de caixão, de música e outras coisas que ele desejava, necessárias ao funeral. As pessoas que vieram à nossa casa pensaram que eu estivesse muito abalada ou fosse muito fria, por não demonstrar tristeza. Como ficar triste, se a pessoa que morreu está do seu lado, ajudando-a nesse momento difícil?

Na noite do funeral, papai me chamou para sentar no alto da escada, lugar onde havíamos tido nossa última e longa conversa: "Você e sua mãe vão ficar bem; agora preciso continuar minha jornada. Deixo uma apólice de seguro que beneficia vocês." Em seguida, senti que ele foi levado para longe.

No dia seguinte, procurei pela apólice, e a companhia informou que papai tinha ido lá na semana anterior, havia feito uma apólice, mas não tinha voltado para assiná-la. Insisti que verificassem mais uma vez, e de fato confirmaram que estava assinada.

Nesse mesmo ano tive com outra pessoa uma experiência parecida. Meu professor de piano era excelente, e pela primeira vez alguém havia despertado em mim o talento musical. Eu adorava esse professor e pensava que todo o meu mundo dependia do ensino dele, que bem poderia ser para sempre. Eu nunca havia tocado tão bem nem com tanto prazer como naquela época. Uma noite, depois de um recital de especial sucesso, disse a ele: "Sr. Young, o que eu faria se não fosse o senhor? Aprendi tanto e há ainda muito mais que preciso conhecer." Nunca esquecerei a resposta dele: "Tudo o que sei, ensinei a você. O que você precisa agora é praticar."

No dia seguinte, ele se suicidou.

Duas semanas depois fui designada para tocar num concurso estadual de música. Eu não queria ir porque não tinha praticado e achava que ainda havia muito a aprender. Porém, minha mãe e meus amigos me encorajaram a ir adiante, dizendo que o Sr. Young ficaria satisfeito. Na noite da competição, sentei para tocar certa de que ia fazer um péssimo papel e pouco me importando com isso. O auditório estava cheio. Devia haver quase mil pessoas, prontas para ver uma adolescente desajeitada tentando provar que sabia tocar.

Pouco antes de começar, olhei para a direita e ali, de pé, ao lado do piano, estava o Sr. Young, que sorriu e disse: "Está tudo bem. Você conseguirá."

Nessa noite, toquei como nunca havia feito em toda a minha vida. Era um daqueles estados mágicos em que o piano tocava. Quando acabou, as pessoas disseram repetidas vezes que pensaram ter ouvido o Sr. Young. Eu não disse a elas que também pensava assim. O Sr. Young ganhou o concurso.

Esses acontecimentos eram parte normal do meu desenvolvimento. Eu não achava que fossem extraordinários ou que eu tivesse algum talento ou habilidade especial. Eu sempre havia acreditado em contos de fadas e em magia. Aquelas coisas que não se vêem "claramente".

Dois: O "mundo real"

Não lembro quando deixei de lado a magia. Devo ter me ligado no mundo "real" talvez em algum período entre Psicologia 213 e Lógica 101. Passei a me interessar por festas, Guerra do Vietnã, curso de graduação e um monte de outras coisas. Meu mundo mágico foi descartado e cuidei de direcionar meus objetivos no sentido de construir a minha vida.

Fato muito interessante é que nunca tive problema para ganhar dinheiro ou conseguir "o emprego certo no momento certo". De fato, meu lema era "estar sempre no lugar certo, no tempo certo". Eu não percebia que isto era uma verdade e que eu estava criando a minha realidade, além de fazer um ótimo trabalho, sem deixar que minha energia se esvaísse dando ouvidos a alguém do contra. Você conhece o tipo: "Jamais conseguirá aquele emprego, é muito jovem, inexperiente, mulher, etc." Quando eu dava ouvidos a esse tipo de pessoa, eu não conseguia o trabalho. Se eu procurava dar ouvidos à minha voz interior, tudo dava certo.

Ao longo da vida, consegui empregos interessantes e de fácil adaptação. Cedo aprendi que sou um espírito livre e que preciso de meu senso de liberdade e autonomia para poder fazer as coisas da melhor maneira possível.

Progressivamente, fui mudando de emprego; deixei a rede pública de ensino e ocupei cargos como terapeuta, pesquisadora, educadora e professora universitária, até acabar como analista no gabinete da Secretaria de Justiça. Durante esse processo, descobri que não estava fazendo o que supostamente deveria fazer. Era como se sempre estivesse me preparando para alguma outra coisa. Por isso estava sempre fazendo um ou outro curso, mas nunca terminava nenhum, ficando geralmente entediada logo no começo. Hoje fico maravilhada por ter conseguido tantos títulos acadêmicos, especialmente o mestrado em tão pouco tempo. Havia também outra parte de mim que dizia: "Esse não é o conhecimento *real*, mas o superficial."

A magia voltou à minha vida enquanto trabalhava na área jurídica. Comecei a achar que não era feliz. Geralmente, quando me sentia assim, procurava mudar quase que automaticamente. Depois o meu modo de ser também se alterava, e eu passava a pensar que não havia sido feliz em nenhuma das coisas que tinha feito. Então percebia claramente que não era feliz. Sentava na minha cadeira e me perguntava: "Por que não sou feliz? Tenho um emprego maravilhoso e estimulante na Secretaria de Justiça, cargo que muitos advogados invejariam. Tive acesso ao governo anterior e tenho acesso também ao atual, por intermédio de pessoas do primeiro escalão, assim como à maioria das secretarias estaduais. Trabalho no caso da primeira emenda constitucional, que, longe de ser desinteressante, constitui um desafio. Ganho um bom salário; sou casada com uma pessoa elegante, inteligente e refinada; tenho belas roupas, uma linda casa, carro, todas as coisas materiais que uma pessoa pode desejar. O que está faltando?"

A vida certamente estava sendo desperdiçada. Meu espírito clamava por liberdade, e eu não percebia isto. Sentava no meu escritório e sentia ao redor de mim um caos que eu não conseguia ver, mas sabia que estava ali. Certo dia, Linda, uma colega de trabalho, veio ao meu escritório com um livro e disse: "Acho que você gostaria de dar uma olhada nisto."

Era um exemplar do *I Ching*. Apesar de nunca ter ouvido falar dele, fiquei fascinada. Em seguida, por trás da porta fechada do escritório, passei a jogar moedas para saber sobre o meu futuro. O primeiro I Ching que joguei deu o hexagrama de número 1 sem nenhuma linha móvel. O conteúdo da mensagem ficou comigo até hoje. Em essência, dizia o seguinte:

> O poder criativo é nada menos que o engenho que dispara o processo evolutivo. O tempo é excepcional em termos de inspiração, energia e vontade. A força desse tempo é o motor principal que impele nossos destinos, não importando o quanto recalcitrantes e racionais sejam as nossas mentes.
>
> Aquilo que você cria agora será a base e a inspiração para o que virá depois. Qualquer atitude que venha a ser tomada selará o seu destino. Sempre se pode olhar para trás, até o começo, mas nunca haverá um fim para o que você vier a fazer. (*I Ching Workbook*, R. L. Wing.)

Li o hexagrama e senti um frio percorrer o meu corpo. Parecia que de repente o meu mundo havia mudado e as coisas eram diferentes. A psicóloga experimental que havia em mim começou a jogar as moedas de novo, não para consultar, mas para testar qual a possibilidade de as três caírem seis vezes naquela posição. A mensagem serviu tão bem que não pude acreditar ser casualidade recebê-la naquela época.

Poucos dias depois, Linda disse que ela e mais quatro amigos iriam visitar uma mulher que era médium. Eu nunca tinha procurado por um médium e, mesmo que houvesse pensado nisso, duvido que tivesse ido. Provavelmente, eu sentiria medo e acharia que me contariam algo de trágico. Por conta da sorte, uma das quatro pessoas desistiu do compromisso, e, mais por diversão, decidi ir. A última coisa que eu disse à minha secretária quando deixei o escritório foi: "Na certa, ela dirá que sou médium."

A primeira coisa que a mulher disse quando cheguei foi: "Por que você está aqui? Você é médium, sabe as respostas."

Foi uma experiência verdadeiramente espantosa. Eu não conseguia imaginar como ela sabia tudo aquilo! Estaria lendo minha mente? Quando perguntei sobre como pôde perceber meu dom mediúnico, ela respondeu: "Não posso explicar, é a sua jornada. Você tem de descobrir por si mesma."

Então comecei a ler. Em três semanas, antes de a emenda em que trabalhava ir a julgamento, li 25 livros. Não é uma proeza fácil quando se trabalha desde o nascer do sol até meia-noite, preparando-se para uma grande batalha jurídica. Mas eu os li e ainda assim não sabia o que era ser médium. Dizia coisas às pessoas, achando que eram informações de conteúdo mediúnico, e não passavam de pura ficção do intelecto. Aos poucos, passei a ficar frustrada tentando compreender como essa "coisa" funcionava.

Esse tempo, no entanto, não foi infrutífero, e acabei por aprender diversas coisas. Ou nada é casual, ou tudo passa a ser casualidade. Descobri também uma voz na minha mente que falava comigo, uma voz de homem que parecia um pouco abafada e bem distante, mas que me fornecia informações corretas.

Três: A imaginação é real

Certa manhã, logo que acordei, frustrada e procurando o que fazer, essa voz falou: "Dê uma volta em Charlottesville." Para não fugir à regra, entrei numa livraria quando ia para o trabalho. Era comum em mim tentar encontrar as respostas nos livros, e sempre havia algum outro que eu precisava ler. Quando entrei na livraria, fiz uma pergunta à vendedora e, antes que ela respondesse, a única pessoa que estava na loja, além de nós, respondeu à pergunta. Imediatamente eu soube que essa pessoa tinha a informação que eu desejava; *ela* era a explicação para o fato de eu estar ali naquela manhã, e não um novo livro, um livro melhor.

Confirmando minhas expectativas, fui informada de que essa pessoa trabalhava no Instituto Monroe, uma organização educacional e de pesquisa dedicada à premissa de que "a consciência concentrada detém todas as soluções para os problemas da existência humana. Só através de caminhos interdisciplinares e esforços de pesquisa é possível atingir a compreensão dessa consciência".

Imediatamente fui até o meu escritório e telefonei para o Instituto Monroe procurando obter informações sobre o programa ali desenvolvido:

— Gostaria de ir até aí e conhecer as atividades e os objetivos do instituto.

— Não há nada para ver — respondeu uma agradável voz no outro lado da linha —, e não permitimos que pessoas novas participem de um programa em andamento.

— Você pode me dizer o que fazem aí?

— É difícil dizer por telefone. É um processo que utiliza o som para equilibrar os hemisférios do cérebro.

Esse tipo de conversa sobre coisas variadas continuou por quase meia hora. Por fim, falei: — Mande-me os formulários de inscrição.

Quando fiz esse pedido, pensei numa maneira de conseguir tempo e dinheiro para tomar parte num treinamento de uma semana para fazer algo que para mim não estava totalmente claro. Seguindo o conhecimento recentemente adquirido de que nada é casual, concluí que se pensasse em não ir esse pensamento negativo prevaleceria e eu acabaria desistindo. Não teria dinheiro suficiente, o programa seria mais longo do que o esperado, ou então eu não seria aceita.

Na segunda tentativa, depois de muita espera e de um julgamento incorreto, consegui participar do treinamento que, em vez de durar as três semanas planejadas, terminou três dias mais cedo. Tive dedução do imposto no valor exato da quantia que paguei pelo curso e, naturalmente, fui aceita no programa.

Se alguém dissesse que eu iria passar uma semana num estado primário de isolamento, ouvindo fitas através de um fone de ouvidos, eu diria que essa pessoa era doida. Isto porque eu vivia de forma diferente, era extremamente ativa, maníaca mesmo, correndo de 7 a 13 milhas por dia e nunca descansando além de 15 minutos cada vez. Eu não fazia idéia daquilo a que ia me submeter.

O programa teve início, e passei a ouvir as fitas várias horas por dia. Comecei a ver que a minha "imaginação" era real; as imagens na minha cabeça davam informações precisas que poderiam ser mensagens dirigidas tanto para mim como para outras pessoas. É claro que isto só foi percebido na metade do programa e com a ajuda de um dos palestrantes que colocou nas minhas mãos um colar ornamentado com uma espécie de ponta de flecha e disse: "Conte-me o que você está vendo." Imediatamente comecei a relatar com detalhes e cores a série de imagens que passava pela minha mente. Então ele falou: "Sou eu, e essa é a minha esposa, a minha casa, etc."

Não pude acreditar, mas o fato é que as imagens e palavras que passaram pela minha mente eram informações verdadeiras, confiáveis. Foi essa pessoa quem me incentivou a participar do programa de pesquisa do instituto. O treinamento que recebi como "exploradora" foi de valor inestimável para o meu aprimoramento mediúnico. Não há nada que se compare a um treinamento onde se fica trancado numa cabina, privado de emoções, ouvindo sons suaves por meio de um fone de ouvidos e junto com dois especialistas fazendo perguntas a respeito de você, do Universo e da vida em geral.

Também através do treinamento no instituto aprendi sobre o fato de podermos receber o pensamento de uma pessoa que esteja pensando em nós e de que é possível "lançar" energia aonde desejarmos. Por meio desse tipo de energia, é possível estabelecer essa forma saudável de comunicação, assim como muitas outras.

Quatro: Você é mais que o seu corpo

Durante todo o tempo em que estive no programa de treinamento do Instituto Monroe tentei descobrir se era possível ficar "fora do corpo" ou se isso era apenas uma idéia improvável. Enquanto passava por algumas experiências interessantes do tipo em que as mãos e os braços parecem sair do corpo, eu não podia dizer que sabia o que era a EFC (Experiência Fora do Corpo). Nessas ocasiões, eu fazia perguntas às forças que vinham me ajudando. Eu não poderia me recusar a ouvir as respostas sempre com tanta riqueza de detalhes.

Certa vez fui com alguns amigos à casa de uma médium que ia realizar uma sessão espírita. Como eu nunca havia participado dessas sessões, pensei que pudesse chamar o meu pai e perguntar a ele por que eu tinha medo de ser médium. Haveria alguma coisa que me assustasse?

A sessão começou à noite e dela participavam, além de mim, outras onze pessoas; também havia velas e um cão doberman como segurança. Enquanto se concentrava, a médium pediu que relaxássemos, o que para mim foi fácil. Mas, por alguma razão, ela não foi capaz de realizar a sessão nessa noite. Agora sei o motivo; foi porque eu tirava a energia dela. Quando relaxei, absorvi grandes quantidades de energia universal, incluindo a que estava ao redor dela.

Como não conseguiu entrar em transe, a médium começou a andar pela sala e dizer aos participantes com que tipo de culpa eles tinham vindo a esse mundo. Agora posso alertar que isto não é uma coisa que se deva fazer, pois estimula julgamentos de interesse do médium e pode atrair forças inferiores para a experiência.

Quando se dirigiu a mim, ela começou a falar sobre meus dedos (sou muito sensível em relação a eles, talvez devido ao fato de tocar piano e por sempre dizerem — como se diz a crianças — para proteger minhas mãos). A médium falou: "Você já foi torturada. Seus dedos foram quebrados e depois cortados!"

Ao ouvir isso, imediatamente passei a me ver morrendo como uma bruxa. Estava amarrada a uma estaca e, à medida que o fogo aumentava, me senti sufocada e gritei: "Não é justo! Não é justo!" Eu era ruiva e tinha olhos verdes. Via as pessoas ao meu redor (um dos participantes me contou mais tarde que pensou que ele é que havia acendido o fogo) e notei que o local era arenoso. Senti que estava na Nova Inglaterra.

A médium se levantou de repente e correu até onde eu estava. Passou as mãos por cima de mim, e lembro que pensei: "Isto não é uma ajuda." Nesse momento, senti que começava a deixar o meu corpo. Fiquei curiosa para saber se era possível uma alma morrer duas vezes do mesmo jeito.

Enquanto tudo isso acontecia, uma mulher na sala começou a ter um ataque epilético. Meus pensamentos mudaram da fogueira para o fato de que eu poderia curá-la. Fui até ela, segurei-lhe a cabeça, e o ataque cessou. Nesse instante, comecei a sentir uma enorme energia negativa na sala e passei a discutir sobre isso com a médium, que tentava me persuadir de que não havia ali nada de negativo.

Eu precisava sair dali e quando consegui me senti na varanda da casa, deixei os pés e as mãos em contato com o chão e descansei a cabeça nos joelhos. A chuva que caía naquele momento fez bem para o meu corpo estressado.

Pouco depois, comecei a ficar preocupada com uma garota que havia ficado na sala com a médium. Senti que ela estava com medo e que eu poderia voltar para ajudá-la. Levantei-me, fui até a porta, girei a maçaneta e entrei no vestíbulo que dava para a sala. Eu estava ciente de que o doberman parecia me ignorar, embora estivesse parado ao meu lado, algo não comum nesse animal, geralmente nervoso. Alguém abriu a porta da sala onde se realizava a sessão, e cruzei rapidamente o local até me aproximar de Sharon, a garota que eu ia ajudar. Fiquei curiosa para saber o motivo de terem acendido as luzes e por que o doberman deu uma volta até parar exatamente no lugar onde eu estava.

Peguei as mãos de Sharon e falei que ela estava segura: bastava ignorar a médium e o que estava acontecendo. Ouvi a médium dizer: "Os espíritos vieram por causa do medo de vocês." Aí ela se levantou e veio até onde nós estávamos. Sentindo-me particularmente indisposta com essa médium, procurei me afastar.

Lembro-me que em seguida estava de volta à varanda e que dois amigos me sacudiam, perguntando se tudo estava bem. Senti que não conseguia ficar de pé. Então eles me levaram até minha casa e me puseram na cama. Acordei no meio da noite e senti que ainda estava queimando. Pensei:

"Oh, não! Esqueci que depois do relaxamento no início da sessão espírita era preciso fazer a contagem que me traria de volta à consciência!" Fiz a contagem regressiva até um, e aquela sensação de estar sendo queimada desapareceu.

No outro dia, meus amigos disseram que saí da sala e que não voltei. Depois de quase uma hora, a médium disse: "Há um espírito querendo entrar. Abram a porta." Alguém atendeu o pedido, e eles viram uma massa cinzenta flutuar pela sala. O interessante é que quando me dirigi a Sharon, que estivera com os olhos bem fechados de medo, ela disse: "Sim, Winter, você veio e me confortou. Segurou minhas mãos e me senti mais calma com você do que com a médium. Eu queria que você ficasse ali, que não me deixasse!"

Concluí que eu não somente havia deixado o corpo, mas que meus guardiães haviam me ajudado de um modo que eu não podia negar aquele acontecimento. Quem mais pode ter onze testemunhas confirmando que viram a mesma pessoa se movimentando em forma de espírito?

Na noite seguinte, compreendi que provavelmente é mais difícil permanecer no corpo do que deixá-lo. Decidi praticar um método que aprendi no Instituto Monroe. Achei muito fácil sair novamente do corpo, mas assim que fiquei ao lado da cama, preparando-me para ir a algum lugar, fui subitamente agarrada por duas mãos fortes. "Hum", pensei, "acho melhor ficar em casa esta noite." Houve ocasiões em que eu estava do outro lado de uma sala, olhando o meu corpo que naquele momento conversava com outra pessoa.

Numa dessas ocasiões, um amigo talvez tenha se tornado ainda mais íntimo. Não querendo parecer que o estivesse rejeitando e procurando manter nossa amizade, decidi levantar do sofá onde estávamos sentados e andar pela sala. Quando voltei para falar com ele, percebi que o meu corpo ainda estava no sofá. O interessante foi ele saber que eu tinha me ausentado do corpo, chamando posteriormente minha atenção para o fato.

Atualmente, como a maioria das pessoas que descobriu a capacidade de sair do corpo, trabalho no sentido de saber de forma consciente quando estou fora dele. Em outros dois casos ocorridos na mesma semana, duas pessoas saíram do corpo quando estavam comigo. No primeiro, uma das minhas amigas atravessou a porta do meu quarto e se queixou de que o marido dela havia dito coisas desagradáveis para ela. O segundo ocorreu poucos dias depois, quando estava visitando um grande amigo que não via há muitos meses. Eu planejava tomar um vinho e saber sobre a vida dele como médico residente. A sorte me favoreceu, e quando cheguei ele estava com um resfriado horrível. Jantamos rapidamente e, em seguida, ele foi para a cama, deixando-me frustrada por não conversarmos sobre tudo o que havíamos planejado.

Em certa hora da noite, fiquei ciente de que ele atravessara a parede e se deitara ao meu lado. Não lembro o que foi dito, mas acordei de manhã sentindo uma imensa paz e sabendo que, no final das contas, havíamos conseguido conversar.

A princípio, fiquei frustrada pelo fato de alguns amigos deixarem tão facilmente o corpo, enquanto eu permanecia no meu. Depois, compreendi que tinha de estar fora do meu corpo para conseguir vê-los fora dos deles.

Cinco: Mestres

Certa tarde ensolarada, eu estava na cozinha lavando calmamente a louça quando me dei conta de que alguma coisa estava se materializando; olhei para a geladeira e foi como se estivesse assistindo ao *Jornada nas Estrelas*, vendo o Senhor Scotty acionar a nave espacial. Primeiro, notei um brilho em volta da base da geladeira e então um ser de 8 pés de altura, com uma longa túnica cor de cinza começou a tomar forma vagarosamente. Não, não falei: "Oh! mas que bela criatura é você!"; pelo contrário, acenei com a mão e disse: "Agora não!" Rapidamente, a criatura desapareceu. Mais do que nunca, esse acontecimento me fez questionar o fenômeno de sair do corpo. Seria na realidade um guardião ou um amigo que tinha vindo me visitar em forma de espírito?

Logo descobri que se alguém manda embora um ser vestido com um longo traje cinza não significa que este ser não exista. Penso que meus guardiães, ou mestres, pensaram o seguinte: "OK, como ela não quer nos ver vamos falar com ela." E assim fizeram. Lembro de um dia ter ouvido a mensagem "não beba!", mas não dei atenção.

Fui terapeuta num centro de tratamento de alcoolismo e sei o quanto se pode beber sem se exceder. Bebo, no máximo, um copo de vinho ou uma lata de cerveja por dia. Isto não é vício. Entretanto, tornei a ouvir a mensagem "não beba!" E novamente desobedeci.

Numa determinada noite tive um sonho que faria a obra *Cântico de Natal*, de Dickens, parecer uma cena de *Bâmbi*. No sonho, dois seres junto de mim, um de cada lado, me conduziam através da minha vida, começando pelo escritório da Secretaria de Justiça. Em todos os lugares aonde ia, eu estava sempre dormindo; eu não conseguia manter os olhos abertos, especialmente o esquerdo, que na literatura antiga é o olho da alma.

O último lugar onde estive foi em frente aos elevadores de um edifício alto. Eles só pararam no segundo e no sexto andar. Lembrei-me de Ram Dass e do seu trabalho sobre os canais por meio dos quais agimos. O canal número um é o nosso corpo físico; o número dois, a nossa personalidade; o três, uma nova era: Libra, com Peixes em ascensão; o quarto, olhamos num espelho e há alguém atrás olhando para nós; o cinco, olhamos para uma pessoa que também nos olha; e o seis é o nada do qual viemos. Esse elevador só abria no andar número dois (a personalidade) e no número seis (o final). Não pude fazer com que abrisse no segundo andar porque, no sonho, eu estava adormecida.

Acordei de manhã e disse: "Tudo bem, não vou beber. Mas é melhor que me indiquem alguma outra coisa." Eu sempre estava tentando fazer acordos que na verdade eram travados com o Universo, conforme mostraram os meus guardiães.

No final da semana seguinte, resolvi dar um jantar. Enquanto estava à mesa, ouvindo entediada conversas sobre seguro de saúde, problemas de zoneamento e que tipo de colar de diamantes comprar, achei que me sentiria melhor se tomasse um copo de vinho. Para dizer a verdade, eu me ressentia com o fato de essas pessoas estarem bebendo o meu vinho, ao mesmo tempo que pensava num jeito de sair dali. De repente, olhei para o corredor e tornei a me deparar com o ser de 8 pés de altura atravessando o corredor. "Oh, meu Deus, eu estava esquecendo isso!" Posteriormente, percebi que via a sombra desse ser nas paredes e em outros lugares onde não havia nada que pudesse produzir sombra.

Durante o período inicial de percepção da minha mediunidade, a voz interior começou a me chamar a atenção para a Geórgia, região de origem do meu pai. Por alguma estranha razão, senti necessidade de procurar um ancestral da tribo dos Cherokees em nossa família. Eu estava certa de que existia alguém na minha linhagem que havia se casado com um indígena. Tinha primos que pareciam Cherokees puros, e quando meu pai se mudou para a Carolina do Norte fez uma boa amizade com o chefe Walking Stick, então líder da tribo Cherokee do leste.

Costuma-se dizer que quando se sai em busca do próprio espírito viaja-se muito, tanto a lugares distantes como próximos, e se encontram as pessoas mais interessantes. Pensei nisso quando saí de férias por três dias e tomei um avião para um lugar que não visitava há 17 anos.

Cheguei e encontrei primos muito amáveis que me receberam maravilhosamente bem. Durante nosso encontro só uma prima admitiu que achava ter ouvido minha avó se referir a um "índio" na família. O interessante foi saber que havia um cemitério indígena muito bem conservado na propriedade. O único elo que restava com a linhagem genética da família de meu pai era a irmã mais velha, que por motivos pessoais jurou que não havia nenhum antepassado indígena na família, apesar de os seus três filhos terem cabelos negros e lisos, malares salientes e olhos escuros. Embora minha visita não tivesse trazido à tona nenhum fato concreto de uma herança indígena, descobri que a família tinha vindo de Pike County, Louisiana (Cajun?), e tornei a ouvir as velhas histórias de fantasmas que apareciam na casa dos nossos antepassados, as mesmas que ouvira quando criança.

Para retornar à Virgínia, reservei o mesmo vôo no qual eu tinha vindo. Lembro que fiquei no avião enquanto ele fazia uma breve parada na Carolina do Norte. Enquanto esperava o avião decolar, tornei a ouvir a voz dizendo que eu estava no vôo errado. "Não estou no vôo errado. Os tripulantes verificaram minha passagem. É o mesmo vôo no qual eu vim. Estou no avião certo", pensei. Mas a voz insistia: "Você está no vôo errado."

A porta foi fechada e nos preparamos para decolar. Só havia seis passageiros no avião, pois era meio de semana e poucas pessoas viajam nesse período de Augusta para Virgínia. De repente, vi um homem muito elegante sentado ao meu lado, rindo para mim. Imediatamente senti que eu estava olhando para um médico, mas não tinha certeza da nacionalidade dele. Os cabelos eram escuros, os olhos de um azul intenso e um sorriso maravilhoso.

— Perdão, senhorita, mas está ocupando o meu lugar.
— Não. Tenho a certeza de que este lugar é meu. "Que diferença isso faz? O avião está cheio de lugares vazios", pensei.

Peguei minha passagem, só então descobri que estava no vôo errado. Tive o tempo exato de sair e escapei de ter ido muito mais ao norte do que era a minha intenção. Antes de sair do avião, voltei para dizer ao homem que eu estava mesmo no lugar errado e que ele podia ocupá-lo. Mas ele não estava mais no avião! Só estavam as outras cinco pessoas. Meu misterioso médico havia sumido. Seria o meu guardião cuidando de mim, já que não queria ouvi-lo? Ou seria uma futura alma gêmea, alguém fora do tempo e do espaço, ensinando-me a ser mais atenta?

Sempre que procurei ouvir a minha voz interior, recebi muita ajuda. Estava claro que eu não havia prestado a devida atenção. Meu contato com o guia interior (ou exterior, conforme o caso) ficou mais sutil à medida que passei a ouvir seus ensinamentos. Os acontecimentos que me causavam problemas tornaram-se cada vez menos freqüentes, e a voz interior cada vez mais perceptível. Exemplo disso é que certa manhã eu havia acabado de fazer uma longa caminhada e estava me arrumando para dirigir um seminário, quando meu marido pediu que entregasse com urgência alguns projetos para ele, pois precisava sair da cidade a negócios. Eu tinha 45 minutos para me arrumar, entregar os projetos e chegar ao local do seminário. Entrei no carro já transpirando e disparei em direção ao escritório de arquitetura.

Estava quase na metade do caminho quando pensei: "A casa está fechada e não tenho a chave. Que porta está aberta? Nenhuma. E janela, há alguma aberta? Não. Alguém tem a chave? Não. Que porta ou janela devo quebrar para poder entrar?" (Tudo isso era o meu hemisfério cerebral esquerdo racionalizando, procurando um meio lógico de entrar na casa.) Foi nesse momento que a voz interior disse: "Se você virar à direita agora, encontrará John (o meu marido)." John havia partido há duas horas para a outra cidade. Como poderia eu virar à direita, no centro de Norfolk, Virgínia, e dar de encontro com ele?

Não questionei a informação. Virei à direita, guiei por algumas quadras, e era verdade: encontrei John dirigindo rua abaixo. Ele havia adiado a viagem. Coincidência?

Tive uma experiência parecida quando, como de costume, saí apressada para viajar até outra cidade. Dei partida no carro e, quando cheguei no portão da casa, percebi que não trazia comigo nenhum tipo de casaco. Nessa ocasião uma massa de ar quente havia estacionado sobre o Estado da Virgínia, e o tempo estava bom, embora fosse meados de fevereiro. A temperatura era de 26º C, tendência que deveria continuar por mais alguns dias.

Quando percebi que não tinha nenhum casaco, achei que um impermeável seria o mais adequado para a ocasião. Fui até o guarda-roupa e peguei meu agasalho de inverno. Pensei: "Isto é loucura. Estou vestindo roupas leves, o tempo vai permanecer nos 26ºC e, no entanto, estou levando um agasalho de inverno comigo!" Apesar desse raciocínio, resolvi levá-lo. Retomei a viagem. Na cidade a que me destinava o clima também estava quente. O tempo continuou agradável à noite, mas na manhã seguinte acordei com uma tempestade de neve inesperada. O agasalho de inverno era a única roupa apropriada que eu levava comigo, fato providencial, já que meu carro ficara preso na nevasca e por isso tive de caminhar a pé diversas milhas.

Seis: Você tem de decidir qual o caminho a seguir

Embora estivessem acontecendo muitas coisas estranhas e maravilhosas comigo, eu cuidava do sucesso da minha carreira tanto no setor público como no político. Era uma combinação interessante porque durante o dia trabalhava com políticos que tratam de manipular as pessoas e à noite, fora do gabinete, eu procurava dizer às pessoas que controlassem suas mentes, suas vidas e seus destinos.

Foi quando eu estava trabalhando num assunto ligado à política que um amigo psiquiatra veio até mim e falou: "Você precisa conhecer minha vizinha. Ela é médium." Pensei: "A última coisa que eu quero fazer é encontrar outra médium. Mas quando ele disse que a tal senhora tinha 80 anos, senti que eu precisava de fato conhecê-la. Eu estava certa de que tínhamos muito o que conversar.

Quando a procurei pensando em fazer anotações para leitura, ela perguntou o que eu fazia. Eu lhe disse que estava envolvida com política, mas que na verdade era médium e gostava do lado místico da vida.

"Você tem de decidir qual o caminho que pretende seguir", disse a médium. Eram palavras cheias de sabedoria e era exatamente o que eu esperava ouvir dela. Eu não precisava de livros para saber que sou médium ou que muitas mudanças estavam ocorrendo na minha vida. Eu precisava era de estímulo, de alguém que me dissesse: "Você tem de escolher. Vá adiante, corra o risco, veja o que acontece. Será gratificante!"

No dia seguinte, comecei os preparativos para abrir um local de trabalho no qual pudesse pôr em prática o que havia aprendido até então. Avisei as pessoas com quem trabalhava de que não ia assumir novos compromissos e que estava empenhada em abrir um consultório particular. Então pensei se minhas consultas não seriam muito tradicionais, baseadas no conhecimento acadêmico e experimental que havia adquirido. Logo descobri que o modo por mim planejado de dar consulta e o que vim a dizer depois eram duas coisas diferentes. Num encontro de negócios de que participei disse o quanto achava ultrajante algumas formas de usar nossa mente e algumas formas de ver o mundo. Para minha surpresa e alegria, a comunidade concordou comigo. Certamente, algo estava ajudando meus esforços, algo com muito mais poder do que eu havia imaginado.

Meu maior receio ao ensinar sobre a potencialidade do cérebro era o fato de que tinha de aprender a trabalhar com o relaxamento de um grupo numeroso de pessoas no sentido de mostrar-lhes como funciona o hemisfério direito do cérebro. Nunca me senti à vontade ao tentar fazer com que alguém relaxasse, mesmo que fosse uma única pessoa numa sessão particular de terapia. Como era possível pensar que eu conseguiria induzir um público numeroso ao relaxamento, especialmente um público constituído de homens de negócios?

O primeiro *workshop* que dirigi foi feito numa universidade local. Havia muitas pessoas, a maioria homens e mulheres de negócios. Percebi que estava indo bem até que chegou a hora do exercício de relaxamento, quando meus temores começaram a vir à tona. Foi então que uma coisa interessante começou a ocorrer; logo que diminuí a intensidade das luzes e liguei a música, senti uma energia entrando na sala e se movendo por trás da assistência. Quando essa energia se aproximou do meu lado esquerdo, comecei o exercício. Eu estava extremamente calma. Era como se alguma coisa ou alguém estivesse conduzindo os participantes exatamente para onde eles desejavam ir. Depois do exercício, uma das mulheres disse que, ao iniciar a sessão, estava com dor de cabeça, mas que quando comecei a falar, a tensão e a dor desapareceram. Cada pessoa na assistência parecia ter atingido um estado de absoluto relaxamento. E eu estava maravilhada.

Esse tipo de ajuda tornou-se bastante freqüente nos últimos dois anos. Agora eu sei que uma energia sempre vai entrar pela sala e conduzir suavemente os participantes ao estado de relaxamento apropriado a cada um. Sei também que, quando falo a um grupo específico de pessoas, quer sejam médicos ou arquitetos, a energia me ajuda a falar também de modo específico para esse grupo. Passo a tratar de dados e de fatos que desconheço do ponto de vista consciente, fazendo uso de informações pertinentes justo para aquela situação. Mesmo ao escrever este livro, estou ciente de incluir coisas que conscientemente não pensaria em colocar.

Sete: O místico e o praticante da cura

Depois do meu treinamento inicial no Instituto Monroe, comecei a "ler", do ponto de vista psíquico, a mente de qualquer pessoa que desejasse. Através dessa prática, comecei a aprender a diferença entre os meus símbolos e os símbolos das pessoas cuja mente eu procurava "ler" usando minhas novas habilidades. Passei também a acreditar nas informações que recebia. Quando se pode verificar a exatidão das respostas, pode-se também aceitá-las logo que comprovadas. Por esse meio adquire-se confiança nelas.

Enquanto usava todo o meu tempo de folga para "ler" o mundo, continuei a freqüentar o Instituto Monroe e a explorar melhor seus laboratórios, fazendo alguns interessantes experimentos de visão a distância, que é a capacidade de ver o que acontece em determinada época e lugar muito distante no tempo e no espaço. Certo dia, depois de receber uma série de coordenadas e de pedir para "ver" o que havia lá, eu vi Sam, o Pirata, com sua indefectível espada e seu bigode vermelho. Sam começou a falar de uma mulher que realizava experiências na outra sala. No essencial, depois que analisou o corpo dela desde a cabeça até os dedos dos pés, ele concluiu: "E é isso que ela tem de fazer se pretende ficar boa." Depois que saí da sessão, descobri que essa informação, pelo menos na parte referente aos males físicos, estava correta. A mulher se propôs a experimentar os remédios que ele havia sugerido. As informações faziam sentido para ela.

Foi no decorrer de uma dessas sessões que me falaram para trabalhar com as pessoas que exercem o dom da cura no nosso planeta. Achei que alguém de grau mais avançado deveria se manifestar. Que médico concordaria em trabalhar com uma médium sem nenhuma base de estudo na área da medicina?

Oito meses depois, eu estava participando de um encontro profissional quando me sentei perto de um senhor que se apresentou como bioquímico. Soube depois que era médico, e hoje é o principal profissional dessa área com quem desenvolvo minhas atividades. A partir daí, comecei a trabalhar com um número maior de profissionais da área médica que inclui desde residentes e cirurgiões até psiquiatras.

O bioquímico, de nome Al, mostrou-se interessado em estudar os fenômenos de cura. Que informações eu recebia? Estariam corretas e, o que é mais importante, seriam úteis? Para obter essas respostas elaboramos um projeto de atendimento a pessoas. Depois que fazíamos os diagnósticos clínicos, era freqüente alguém voltar para nos agradecer pela "cura". Agradecíamos, apesar de saber que não estávamos curando, mas sim examinando cuidadosamente o corpo em busca de informações úteis e necessárias.

Um de nossos estudos foi o de uma jovem mulher com epilepsia do lóbulo temporal. Depois que fornecemos essa informação para a sua psicóloga, ela demonstrou interesse em me encontrar. Eu não podia imaginar o motivo. Sabia que havia falado tudo o que era necessário, mas concordei em me encontrar com ela na casa de Al e na presença de sua psicóloga. Quando a vi, percebi que tinha graves problemas, inclusive um de fala e outro numa das mãos, que era torcida para dentro e voltada para cima. Lembro de tentar descobrir o que deveria fazer, quando ouvi na minha mente: "Cure-a!"

"Você não compreende. Eu apenas examino o corpo das pessoas e faço avaliações. Além disso, olhe para ela. Os problemas são muito acentuados. Não poderia me dar alguém mais fácil para começar?"

"Cure-a!"

Fui até o sofá e segurei a mão defeituosa da mulher. Pude sentir a energia que ela direcionava para si.

— Marsha, é você quem faz isso consigo mesma e precisa adquirir controle sobre essa energia. Ninguém pode fazer isso, só você. Que tal começar curando a sua mão?

Em seguida comecei a falar de uma vida passada em que ela era um chinês que deixou crescer as unhas para conseguir controle sobre a própria vida.

— Oh, meu Deus — gritou. — Esta é a vida que vi quando, pela primeira vez, estive sob hipnose!

Ela acabou a história que eu havia começado. Percebi que a energia da sala se transformara e experimentei com essa pessoa uma paz que nunca havia sentido antes.

Marsha foi embora, mas a mão continuou defeituosa e a voz desarticulada. Duas semanas depois, recebi um telefonema de Al: "Tenho de lhe falar sobre Marsha. Todas as noites ela colocava uma tala na mão para que não se retraísse mais. Ela esqueceu de pôr uma vez e acordou com a mão normal. Mas não é só isso, o problema da fala desapareceu completamente."

Uma das mais interessantes experiências de cura que tive aconteceu quando estava com o meu amigo Michael Hutchison (autor de *Megabrain*) na cidade de Nova York. Michael não se sentia bem há vários meses e, enquanto passeávamos pelo Central Park, tive uma forte sensação de querer "curá-lo".

— Michael, vou fazer a você uma das mais singulares propostas que já recebeu. Quero que volte ao meu apartamento para que eu possa curá-lo.

Michael é um irmão de verdade. Com ele tive algumas das minhas mais incríveis experiências psíquicas e sei de vidas passadas em que era meu irmão e cuidava de mim. Voltamos ao apartamento onde estava hospedada e lembro de pensar: "O que vai fazer agora? No final das contas, essa idéia é sua."

Pedi a Michael que deitasse. Senti um impulso de colocar a minha mão sobre o fígado dele e pensei: "Vou imaginar que estou aplicando uma luz branca aqui e talvez depois eu saiba o que fazer em seguida." Subitamente percebi algo ou alguém ligar uma força e a corrente passar pelo meu corpo com uma intensidade nunca sentida. Lembro de pensar que se aquilo não parasse logo ficaria tão energizada que não conseguiria dormir nem dirigir meu *workshop* no outro dia.

Lembro que em seguida uma voz me disse: "É o suficiente!" Percebi que alguém desligou a chave da força, e a luz branca se foi. Imediatamente passei a um estado de lucidez semelhante a um sonho em que Michael e eu viajávamos num carro. Quando acordei, ele estava ciente de tudo o que havia acontecido, inclusive do meu sonho e da voz que disse: "É o suficiente!" Michael tivera o mesmo sonho, em que até mesmo dava nomes aos cachorros que encontrávamos pela estrada, um dos quais chamado "Hug a Door".

A única outra vez em que estive ligada a essa luz ou energia foi há alguns anos no Instituto Ômega. Eu participava de um *workshop* em que nos imaginávamos como árvores e, supostamente, absorvíamos em nossos corpos a energia universal do solo para nos "fixarmos na terra". Não posso afirmar que acreditava nesse tipo de coisa. Era uma daquelas ocasiões com tempo frio e chuvoso, e minha mente trabalhava para que eu ficasse aquecida. Quando estava de pé formando um círculo com cerca de 20 pessoas, senti de súbito que meus pés estavam ficando quentes. O calor subiu então pelas minhas pernas e notei que todas as coisas na minha frente começaram a ficar douradas. Quando esse calor, ou energia, subiu pelo meu corpo, aumentou o brilho da cor dourada e fui ficando cada vez mais aquecida. Logo percebi que não podia enxergar as outras pessoas no círculo; tudo o que eu podia ver era a brilhante luz cor de ouro. Comecei a suar e lembro de pensar em sair do círculo de qualquer maneira. Ou quebrava o elo físico da cadeia, ou iria desmaiar. Nesse momento, quando já não conseguia manter a intensidade do calor e da luz, a pessoa que dirigia o *workshop* disse: — Agora vou pedir que se abaixem vagarosamente até deitar no chão, deixando a energia fluir de volta à sua fonte de origem.

Abaixei-me e de imediato vi a lâmina de uma folha de grama que devia estar ampliada alguns milhões de vezes. Podia ver a intrincada forma como estavam dispostas as fibras e também, com grande clareza, as gotículas de água na sua superfície. No instante em que pousei a cabeça no chão, a luz desapareceu e a grama voltou ao tamanho normal.

Desde então, aprendi que é essa mesma luz dourada que cura, que cria e nos ajuda no sentido de que sejamos bem mais do que um simples corpo físico. Junto com Al, testemunhei muitas outras curas e também várias tentativas frustradas. Acredito na obra *Course in Miracles* quando diz que "milagres são acontecimentos normais. Se não acontecem, é sinal de que alguma coisa está errada". Sabemos que essa norma se aplica à alma que tenta curar o próprio corpo. Posso mostrar para a pessoa o que está causando o insucesso da cura e, igualmente, os vários meios para tentar remediar essa situação (e que pode incluir muitas terapias médicas tradicionais), mas somente a sua própria alma é quem poderá curá-la. Sei também que aplicações de energia podem ajudar, por exemplo, o envio de luz branca, visualização positiva e orações.

Na segunda parte, intitulada *Você*, discuto as minhas experiências para que sirvam como aplicação prática na vida de cada leitor. A intuição pode ser usada em todos os aspectos da vida, desde o pessoal, passando pelos negócios, até a criatividade e a saúde. Comecemos então a jornada usando a visão do coração.

Você

*"Somente com o coração
se pode ver de forma correta;
o essencial é invisível aos olhos."*

— Antoine De Saint-Exupéry,
O Pequeno Príncipe

Capítulo Um
Intuições

Carl Jung certa vez fez o relato de uma conversa que teve com Ochwiay Bianco, na época chefe dos índios Pueblos. Quando indagado, Bianco disse que não tinha uma opinião muito boa sobre o homem branco, que parece estar sempre perturbado, agitado e procurando por alguma coisa. O resultado disso é que vive de cenho franzido. Além do mais, os brancos devem ser loucos porque pensam com a cabeça, e sabe-se muito bem que só os loucos agem dessa forma. "Como você pensa?", perguntou Jung. "Naturalmente com o meu coração", Bianco respondeu.

Nós temos as respostas; o coração sempre as traz até nós. As perguntas é que são difíceis de ser formuladas. Isto acontece por desconhecermos o que de fato queremos saber e tampouco como perguntar de modo a obter as respostas que na verdade estão sempre presentes e bem diante do nosso nariz.

Quando Gertrude Stein estava no leito de morte, perguntaram se ela havia encontrado respostas para as suas indagações. "O mais importante", respondeu, "é saber o que perguntar."

Todo mundo traz consigo uma porção de indagações, algumas ainda não completamente formuladas e muitas outras nem sequer conhecidas de forma consciente. Você pode não estar feliz com o seu trabalho, com seus relacionamentos, com o ambiente onde vive, etc... Essa infelicidade é o seu coração dizendo que você precisa mudar, que é tempo de se mexer, de crescer. Com bastante freqüência notamos que se abre uma porta que representa uma resposta a uma pergunta ainda não formulada.

O coração, ou a intuição, a imaginação, a criatividade, o sexto sentido... — é tudo a mesma coisa. O fato é que usaremos diferentes denominações de acordo com o ambiente em que estivermos. Os cientistas creditam esse fenômeno ao hemisfério direito do cérebro; Carl Jung chama de "inconsciente coletivo", e Rupert Sheldrake, um biólogo contemporâneo, chama de "Ressonância Morfogenética".

Intuição significa voz interior, fluxo do Universo, energia, mente suprema, Eu superior, presença do Eu sou. Em resumo, é a soma de tudo o que conhecemos e do que podemos vir a ser.

Muito se tem escrito a respeito da intuição, sobre o que é e sobre o que deixa de ser. Proliferam discussões sobre se existe ou não. Contudo, apesar dos muitos termos que a denominam, há evidências suficientes quanto à existência de alguma coisa que nos dá informações que, por meios lógicos, não temos condições de saber. Tais informações podem ser valiosas, não só para o nosso dia-a-dia, mas também para o nosso crescimento espiritual.

Quando começava meus *workshops*, eu procurava ensinar os estudantes como ter acesso às próprias habilidades psíquicas/intuitivas. Desde então, meu objetivo tem sido demonstrar às pessoas a existência da "energia universal", do fluxo do Universo. Digo a meus alunos que, se aprendermos a manter contato com esse fluxo, a vida transcorrerá mais tranqüilamente. Então viver o dia-a-dia deixará de ser um esforço ou uma batalha. Há uma maravilhosa ordem rítmica em todas as coisas.

Quando viajo pelo país para provar às pessoas que elas não se restringem ao corpo físico, uso com freqüência as palavras psique e intuição sem diferenciá-la porque ambas têm o mesmo significado. Psique vem da palavra grega *psyché*, que significa alma ou espírito. A definição original de psiquiatra é aquele que trata das doenças da alma, e a de psicólogo, aquele que estuda a alma. Devemos excluir desse contexto o vodu, bem como o mistério, e trazer de volta os significados originais da palavra psique. Todo ser humano é um ser psíquico, isto é, em tudo somos espírito.

Existem diversas maneiras pelas quais ouvimos "espíritos" ou recebemos informações de conteúdo intuitivo. Podemos considerá-las tipos de intuição, e a primeira delas é a física. Sintonizado, o corpo físico é um dos mais importantes meios para receber esse tipo de informação. Por exemplo, se você sente dor de cabeça cada vez que vai ao trabalho ou quando encontra determinada pessoa, na realidade é o seu corpo informando que alguma coisa não está em harmonia. Ou seu trabalho está sendo muito estressante, e por isso causa essa dor, ou então a pessoa que você encontra está com dor de cabeça... e a transmite para você.

O segundo tipo de intuição é a emotiva. Por exemplo, quando encontramos uma pessoa muito estimada por amigos em comum e não somos capazes de compartilhar dessa estima. Até que os nossos motivos se tornem evidentes, duvidamos dos próprios sentimentos. No momento que compreendemos esses motivos é como se já os conhecêssemos antes.

O terceiro tipo de intuição é mental e pode ser recebida através dos sonhos ou pela sensação de *déjà vu*, ou seja, de já ter passado por aquilo. É bem possível que você já tenha visitado em sonho determinado lugar onde você só estará anos depois. Da mesma forma, algumas pessoas usam suas habilidades mentais para receber imagens que representam respostas às suas indagações de natureza intuitiva.

Os sensos intuitivos variam de pessoa para pessoa e é importante saber de que maneira você recebe informações de natureza intuitiva. Algumas pessoas recebem imagens mentais, outras ouvem músicas, vozes, ou têm pensamentos repentinos — tudo parecendo vir de nenhum lugar. Outras recebem a informação no nível do corpo, talvez um arrepio quando se diz algo que soa como verdade ou que seja importante lembrar.

Sinto uma pressão nas costas quando examino alguém em busca de causas para alergia e geralmente espirro no momento em que passo a investigar a substância que causa alergia ao paciente. Também sinto arrepios e às vezes meu ouvido direito se fecha quando falam algo em que preciso prestar atenção.

Quanto mais trabalhamos por inteiro com o corpo, mais podemos avaliar a informação que recebemos. Acho isso importante para que saibamos formular perguntas de modo claro, cada uma a seu tempo. Agindo assim, você estará preparado para ver, sentir, ouvir ou experimentar as respostas do jeito que a sua alma puder mostrá-las para você. Quando obtiver resposta para determinada questão — e nós estamos sempre tendo respostas para as nossas perguntas —, verifique se é correta. Leve-a até o seu coração... Como você a sente? Lembre-se, com freqüência temos uma pergunta que permanece muitos meses sem resposta, e não percebemos que durante esse tempo nunca a mencionamos para ninguém. Quando a resposta bate, temos o efeito eureca... Sabemos então o que ela significa!

PERGUNTAS

P: Como notar a diferença entre mim e a minha intuição?
R: Sua intuição se manifesta de modo suave e repetido. Não é simples suposição. Ela se mantém constante dando a resposta repetidas vezes. Às vezes, é simplesmente um sentimento de grande amor ou então de inquietação. A mente, a "mente falante" usa uma porção de "pode ser" e de "talvez" quando se expressa. É aquela parte de você que procura fazer com que se sinta culpado. O erro é optativo, e não algo em que obrigatoriamente tenhamos de incorrer.

P: Mais do que qualquer outra coisa, eu gostaria de ser médium... para conhecer o futuro e ser capaz de "ler" outras pessoas. Como atingir esse objetivo?
R: Todos nós conhecemos o nosso futuro porque estamos ocupados em criá-lo. Se ficarmos cientes desse fato, poderemos agir para criar o que for do nosso desejo e deixar de lado o que não nos interessa. Enquanto não somos capazes de "ler" os outros, devemos agir de modo coerente no dia-a-dia. Existem muitas situações em que sabemos o que está acontecendo, mas não temos liberdade para dizer o que pensamos ou sentimos. Quando descobrimos que podemos entender esses acontecimentos, eles deixam de ser interessantes... compreendemos que todo mundo parece estar no mesmo caminho e com os mesmos problemas. Tornar-se médium não é o resultado final do processo de contato com a intuição. A mediunidade é somente a centelha que nos instiga a ver mais e mais. O importante é tentarmos entrar em contato com o espírito de todas as maneiras possíveis.

P: Minhas respostas intuitivas parecem vir do centro do meu peito. Eu gostaria de saber se quando tenho essa sensação é uma verdade que está sendo dita ou uma indicação de que devo seguir os meus sentimentos?

R: É o seu coração trazendo a resposta até você. Saiba que quando o seu coração lhe dá uma resposta você deve segui-la. Pode ser que ela se ramifique em duas direções... mas você também pode seguir por ambas. É mais importante explorar e experimentar o conhecimento que o coração traz sempre com amor, um amor incondicional... do que se fechar e limitar a vida. Caso você não siga o seu coração e resolva agir só pela cabeça, é provável que tenha menos respostas emotivas. Então você deve perguntar a si mesmo: "É essa a melhor forma de viver, evitando os sentimentos e seguindo o que o coração indica?"

MEDITAÇÃO

Sente-se ou deite numa posição confortável, com as roupas desapertadas e sem os sapatos. Sinta a sua respiração... perceba se ela atinge de forma profunda o seu estômago ou se pára bem no seu peito. Feche os olhos e respire profundamente para que o ar chegue até a região mais baixa do estômago... mais ou menos três polegadas abaixo do umbigo... o ponto que os chineses denominam de *d'en tien*.

Depois de alguns minutos observando a respiração, note os pensamentos que surgem em sua mente, as imagens que se formam ou qualquer outra atividade mental que possa acontecer.

Observe qualquer sensação no seu corpo. Há alguma sensação incomum, como formigamento ou zunido? Sente algum tipo de dor ou desconforto? Pense em alguém de quem você não goste. Como o seu corpo responde? Notou alguma reação em algum ponto específico do corpo? Agora pense em alguém que você ama ou aprecia. Como o seu corpo se sente agora?

Continue a pensar no amor, deixando-o fluir pelo Universo, ao seu redor e por tudo o que é vivo. Abra os olhos e volte ao presente.

EXERCÍCIO

Ouça uma música que não tenha uma melodia particular, como as da série Golden Voyage (veja o Apêndice). Relaxe e veja os quadros, imagens, sensações, pensamentos, palavras ou símbolos que apareçam na sua mente. A música cria um quadro, uma história, ou traz até você alguma recordação do passado? Continue a ouvir a música, prestando atenção no modo como ela age em seu corpo enquanto você a escuta. Quando a música acabar, anote o que viu ou sentiu junto com qualquer outra informação que tenha obtido durante o exercício.

*O que aconteceria
se você dormisse? E depois sonhasse?
E no sonho fosse até o céu e colhesse uma
estranha e bela flor? E, quando acordasse,
tivesse a flor nas mãos?
Ah! E então?*

— Samuel Taylor Coleridge

Capítulo Dois
Sonhos

Na obra *Dream Game*, Ann Faraday chama os sonhos de "pensamentos do coração". Já que considero a intuição como um dado proveniente do coração, é necessário levá-la de volta à origem para que possa ser esclarecida. Gosto do conceito de que os sonhos também provêm do coração. Se também considerarmos o inconsciente como uma informação que vem do coração, ele deixa de ser algo que nos causa medo e se transforma em sabedoria de grande valor que nos ajuda a progredir na vida.

Por muitos anos os psicólogos têm procurado encaixar os sonhos e as pessoas que sonham num modelo específico que, no entanto, não funciona. Os sonhos e suas interpretações são tão individuais quanto o próprio sonhador. Uma visão mais atual acerca dos sonhos permite que os sonhadores façam suas próprias interpretações e trabalhem com a simbologia produzida por suas mentes.

Para que possa fornecer uma mensagem sobre você ou sobre a sua situação de vida, a mente só é capaz de usar os símbolos e as palavras que lhe sejam mais familiares. A água nos seus sonhos pode não ter o mesmo significado que tem nos sonhos de outras pessoas, embora tenda a ser um símbolo universal para o inconsciente, para o espírito.

Os símbolos podem ser enganadores e talvez você precise trabalhar com o seu sonho durante alguns dias até que possa interpretá-lo de modo satisfatório. Por exemplo, uma cobra pode significar qualquer coisa, desde uma cobra verdadeira, que existe em seu meio ambiente (humano ou não), até o mundo da medicina e da terapêutica.

Um exemplo de símbolo ainda mais universal pode ser uma cadeira. Se você está tentando descobrir a simbologia que existe por trás da cadeira, faça de conta que você é a cadeira e fale: "Sou uma cadeira, as pessoas sentam sobre mim sem nenhum respeito pelos meus sentimentos; sou uma simples peça de mobília, facilmente deixada de lado a não ser quando alguém quer me usar."

Embora pareça que existam infinitas possibilidades, à medida que você recorda os sonhos e passa a enquadrar suas opções em parâmetros específicos, gradualmente a imagem entra em foco. Essas "imagens reveladoras" podem ser usadas para aprimorar a maneira como você se sente em relação a determinada coisa e, conseqüentemente, para aprimorar a sua vida.

A seguir, algumas das perguntas mais comuns que são feitas sobre os sonhos:

P: Por que sonhamos?
R: Do ponto de vista técnico, os cientistas não têm resposta para essa questão. É sabido que nosso estado de REM (movimento rápido dos olhos ou sonho) é a parte mais importante do nosso tempo de sono. Sempre iremos sonhar. Numa base mais pessoal, sonhamos para manter contato

com o coração, com o inconsciente. Os sonhos revelam coisas que não conhecíamos sobre a nossa vida pessoal, a respeito do nosso ambiente ou quanto ao nosso futuro. Se o seu sonho parece dar uma informação por demais óbvia, procure analisar o fato de maneira mais aprofundada. Não há necessidade de usar o seu período de sono para ser informado de algo de que você já está a par.

P: Por que não consigo lembrar dos meus sonhos?

R: Porque você não tem nenhum interesse em lembrá-los. Quando você decide que gostaria de saber o que está acontecendo em determinado período da sua vida, você manda uma mensagem para a sua mente inconsciente para que o ajude a se lembrar dos sonhos. Assim que tiver feito isto, coloque lápis e papel ou um gravador ao lado da cama. Isto servirá como aviso de que você está tentando lembrar dos sonhos e que, de alguma forma, estará escrevendo ou falando sobre eles.

P: Só lembro de partes dos meus sonhos... as outras partes são imprecisas.

R: Ao acordar, escreva o que você se lembra e complete o restante. Anote o que sente do sonho e sobre o que ele se referia. Depois disso, você vai notar que começa a se lembrar de alguns detalhes a mais. O hábito de registrar os sonhos o ajudará a se lembrar deles. Quando começar a trabalhar com seus sonhos, procure por símbolos que sejam consistentes e que façam sentido para você. Ao terminar suas anotações, faça uma observação sobre o que pretende fazer com o problema revelado no sonho.

P: Para ajudar a esclarecer o sonho das pessoas, trabalha-se com vários "grupos de sonhos". Esse procedimento é válido?

R: Edgar Cayce disse que só a pessoa que sonha conhece o significado exato do próprio sonho, que só é correto na medida em que faz sentido para ela e a faz sentir-se bem. Além disso, um sonho pode ser consistente se analisado junto com outros sonhos e ajuda o sonhador a progredir na vida. Acho que o sonhador deve fazer primeiro a sua interpretação do sonho e, se for necessário, só depois perguntar a opinião de outras pessoas. Freqüentar um grupo com o único propósito de que os outros façam a interpretação do sonho faz com que o sonhador se torne preguiçoso para trabalhar com o seu mundo interior.

P: O que fazer se depois de trabalhar arduamente com um sonho ainda assim continuar sem entendê-lo?

R: Peça a sua consciência superior por um sonho esclarecedor que traga a mesma resposta só que de uma forma diferente. Você também pode pedir uma opinião a respeito da maneira como você interpretou o sonho.

P: Todos os sonhos são iguais?

R: Os sonhos podem ser classificados ou pela informação que trazem ou pelo sentimento que provocam:
Sonhos precognitivos são os que contêm informação sobre eventos futuros. Você pode ou não ser capaz de lidar com essa informação, que poderá ou não afetá-lo. É possível que um sonho precognitivo forneça informação sobre uma pessoa que você mal conhece.
O sonho do tipo *simbólico* é, provavelmente, o mais comum e serve para trazer do inconsciente uma informação que nos ajuda a avançar na vida.
O sonho do tipo *lúcido*, ou sonho em que se sai do corpo, é aquele em que a pessoa que sonha sabe que está sonhando. No estado lúcido, o sonhador pode voar, mudar

o tema do sonho, ver alguém que deseje ou ir a qualquer lugar que imaginar. Sonhar que está voando ou usando algum outro tipo de transporte serve como um alerta ao sonhador de que esteve fora do corpo.

P: Sonho freqüentemente com o meu marido. Estou sonhando realmente com ele ou estou sonhando com o meu lado masculino?

R: Como você conhece o seu marido, o sonho está dizendo alguma coisa sobre ele ou sobre a sua relação com ele. Quando sonhamos com pessoas conhecidas, o sonho se refere exatamente a elas. Quando sonhamos com um estranho, é preciso interpretar se o estranho é uma parte desconhecida de você que você não conhece ou é uma pessoa real que você talvez encontre no futuro, ou ainda qualquer outra coisa. Por exemplo, se você sonha com um certo "John Hurt", pergunte a si mesmo se conhece algum John Hurt. Se não há ninguém na sua vida com o nome de Hurt*, pergunte se não há alguém que o esteja prejudicando ou se não é você que está fazendo mal a determinada pessoa. Lembre-se de que os sonhos nos revelam coisas sobre as quais não temos consciência... e não sobre aquilo de que estamos a par.

P: Como aprender a ter uma experiência fora do corpo?

R: Todos nós "viajamos" enquanto dormimos. O que temos de fazer é lembrar que viajamos ou ficar conscientes (lúcidos) durante o tempo em que estivermos viajando. Peça ao seu Eu superior que o torne consciente quando estiver viajando. Pode levar alguns dias ou mesmo semanas até

---

* Em inglês, Hurt, sobrenome, tem o sentido comum de "ferir, prejudicar, fazer mal" (N.T.).

você começar a ter ciência desse estado. E pode ser que você fique consciente só por uns poucos minutos... que só tenha um breve relance de que esteve fora do corpo. À medida que fica mais a par do que seja estar "fora" do corpo, poderá então trabalhar conscientemente para ficar ainda mais a par desse processo... de libertação do seu corpo astral em relação ao seu corpo físico.

P: Há peculiaridades a serem incluídas quando se faz o registro dos sonhos?

R: Sim, há. Procure ver o sonho como se fosse um jogo e registre-o de acordo com essa visão. Isso o ajudará a interpretá-lo de forma mais completa e aumentará o prazer de descrevê-lo.

Considere:

1. O cenário ou o tempo e o lugar em que ocorre o sonho e sua importância para o presente. Por exemplo, o sonho ocorre durante a Guerra Civil americana e você se encontra num hospital de confederados. Atualmente você trabalha como médico? Você não está tentando ser cortês com alguém... possivelmente um "confederado"?
2. O enredo. Você se considera incapaz de completar determinada tarefa, não importa o quanto tenha tentado? O confederado não estaria de alguma forma prejudicando você?
3. A cena. Onde ela se enquadra no restante dos seus sonhos, na sua vida? Ocorre mudança na cena?
4. O elenco. São pessoas que você conhece, ama... ou são estranhos? Qual a relação que você tem com eles nesse episódio?
5. O sentimento. Que tipo de sentimento esse sonho provoca? Depois de interpretá-lo você deve se sentir com uma nova

compreensão mais apurada. Caso isso não ocorra, talvez você tenha interpretado o sonho de maneira errônea. Os sonhos não se revelam para que nos tornemos infelizes... Eles vêm até nós para nos trazer esclarecimentos.

6. A palavra-chave, por exemplo, alguém que tenha o nome de "Rob", pode sugerir o ato de roubar alguém ou de pegar algo que não lhe pertença; enquanto a palavra *gilted* [dourado] poderia estar encobrindo a palavra *guilt* [culpa].
7. O desfecho. É o auge do sonho. A fase em que a trama amadurece e alcança o clímax. É a oportunidade de separar os personagens do enredo, e o sonhador tem o ensejo de ver como esses personagens agem na sua vida "real".

A maioria das pessoas tem um sonho predileto ou marcante. O meu favorito é um que não foi sonhado por mim. Soube dele através do telefonema de um amigo distante que sonhara comigo na noite anterior. Recordo vagamente de também ter pensado nele (ou teria sonhado?).

Ele contou-me o sonho e disse o nome do outro personagem principal. Era alguém que eu conhecia. Mas o que tornou o sonho tão marcante foi o fato de esse antigo e distante amigo nunca ter ouvido falar da outra pessoa que apareceu no sonho.

MEDITAÇÃO

Deite-se numa cama, apague as luzes e relaxe. Examine sua mente com cuidado e se liberte de todas as preocupações do dia e dos pensamentos sobre problemas pendentes. Isso pode ser feito visualizando o problema, de modo a dar-lhe um final feliz, envolvendo-o numa bolha cor-de-rosa e soltando-o pelo Universo (veja o capítulo 10 — Visualização).

Escolha uma fase da vida sobre a qual deseje obter resposta. Formule a pergunta do modo mais simples e claro possível, por exemplo: "Posso contar com a vaga aberta no novo emprego?" Peça ao coração uma resposta. Certifique-se de que tem um lápis e um bloco de anotações próximo da cama para registrar os sonhos quando acordar.

Durante o dia, pergunte a si mesmo se não está sonhando. De acordo com Stephen LeBerge (*Lucid Dreaming*), isso o ajudará a ficar consciente quando estiver sonhando e a ter um sonho lúcido.

Crie você mesmo um sonho. Descreva um sonho que você gostaria de ter. Lembre-se de incluir as cores e todos os detalhes que gostaria de ver acontecer, incluindo pessoas, lugares e coisas. Depois de ter acabado de registrar o sonho, dobre o papel em três e guarde-o em lugar seguro, especial. Depois, é só esperar e ver o que acontece.

Vá confiante em busca dos seus sonhos!
Viva a vida que desejar.
À medida que simplifica a sua vida,
as leis do Universo se tornam
mais simples;
A solidão não será solidão,
a pobreza não será pobreza
e a fraqueza não será fraqueza.

— Henry David Thoreau

Capítulo Três
Vida e Carreira

O que vou fazer do resto da minha vida é, provavelmente, uma das perguntas mais comuns feitas a um psicólogo ou a alguém que trabalhe com as questões da mente. Ironicamente, esta é uma pergunta que não costuma ser respondida na escola ou na Universidade, mas por pessoas que estejam atingindo a metade dos 30 anos ou mais, dispostas a fazer uma análise dura sobre o motivo pelo qual se encontram onde estão. Há um forte desejo de saber se estamos ou não fazendo aquilo a que fomos destinados a fazer.

O nosso propósito na vida muda à medida que avançamos no aprendizado que ocorre no nível espiritual. Todos estamos aqui para aprender, para despertar, para lembrar daquilo que já conhecemos. De fato, damos duro quando não nos lembramos de tudo o que já conhecemos e, sem dúvida, somos capazes de aprender as lições que criamos para nós mesmos em alguma fase da nossa vida.

Quando nascemos, e antes que o sistema educacional comece a nos educar pelos parâmetros do pensamento racional e analítico, sabemos quem somos e por que estamos aqui. Quando chegamos ao fim do curso do primeiro grau, começamos a esquecer nosso objetivo original e passamos a nos orientar pela forma de pensamento do hemisfério esquerdo do cérebro. Originalmente, o hemisfério esquerdo era apenas um filtro, uma ferramenta que ajudava o hemisfério direito a expor as informações que recebia. Ao longo de anos de pressão e pensamentos inexatos, o hemisfério esquerdo passou a ter um papel dominante e a falar ao ego... como se contivesse sabedoria.

Não é de admirar que a questão da carreira e da mudança de emprego apareça com freqüência. Antes de alguém se perguntar se deve ou não mudar de emprego, precisa descobrir, em primeiro lugar, por que está fazendo essa pergunta. Se a sua mente elabora uma questão ou leva você a ponderar sobre uma situação, esteja certo de que a resposta já está a seu alcance... e com muita probabilidade de ser positiva. Se a energia que você sente o satisfaz e está de acordo com tudo o que acontece na sua vida, a questão da mudança não se colocará em primeiro plano.

Algumas pessoas, embora tentem dissimular, não são felizes e são incapazes de constatar essa verdade porque estão fechadas num sistema de pensamento que limita suas aspirações e perspectivas. Saiba que a sua alma, muito pacientemente e de forma constante, o incita a despertar... para saber quem você é e para ficar em harmonia com o estímulo interior.

PERGUNTAS

P: Sinto como se estivesse constantemente nadando contra a correnteza. Algumas vezes acho que posso ir numa direção diferente, mas não sei aonde ir e despendi muito esforço para ficar onde estou. O que devo fazer?

R: Quando estamos em harmonia com a nossa voz interior e com o fluxo do Universo, as portas se abrem facilmente. Quando uma porta se fecha, o Universo nos diz que devemos olhar em outra direção... que nossa energia não está em harmonia com o caminho que então se fechou. Quando nadamos contra a correnteza acima, é porque estamos indo contra o fluxo natural. Podemos fazer com que a vida se torne fácil ou difícil. A escolha é nossa. Para que possamos aprender e ser capazes de ajudar os outros, não devemos optar pelo que é difícil.

P: Atualmente estou na faculdade de medicina, que é muito puxada. Às vezes me questiono se devo mesmo abrir mão de tanto tempo da minha vida e de momentos especiais para ser um terapeuta. Não poderia ser mais fácil?

R: Os mestres zen ensinam que devemos desenvolver energia para que aconteça aquilo que desejamos. Há uma diferença entre nadar contra a correnteza e trabalhar arduamente para alcançar um objetivo. Uma existência não é mais do que um piscar de olhos no quadro total do desenvolvimento da nossa alma. Provavelmente, você passou por muitas vidas aprendendo diferentes maneiras da arte de curar e agora trabalha no sentido de se lembrar delas. Não diminua a importância da informação acadêmica que você está adquirindo agora. Afinal, em algum ponto ela provém da intuição de alguém.

P: Que importância tem o que faço pela minha carreira? Não é verdade que todos nós, de alguma forma, chegaremos ao mesmo lugar? Eu posso ou não trabalhar mas, de um modo ou de outro, chegarei a esse lugar.

R: É verdade que, no final das contas, nós todos chegaremos ao mesmo lugar. Porém, o que conta na vida é a jornada, não o destino. Você pode fazer com que a jornada seja interessante ou tediosa. Quando a torna interessante, você cria situações de aprendizado para si mesmo que ajudam na formação e crescimento da sua alma. Não importa como você faz a jornada... mas ela pode ser bela se você tiver tempo para aspirar o aroma das rosas ao longo do caminho.

P: Qual o propósito de eu estar aqui, neste tempo?

R: Todas as almas têm um mesmo propósito, que é aprender e lembrar da própria origem. Muitas pessoas pensam que devem ter um objetivo sublime, para salvar o mundo... não percebendo que a salvação do mundo começa dentro delas. Elas estão muito ocupadas procurando por aquele propósito exterior que não conseguem conhecer quem realmente são até que seja tarde demais. É importante trabalhar no sentido de mudar você, e não o mundo. Quando impomos nossas respostas ao mundo, não permitimos que os outros sigam os próprios objetivos e caminhos. Não importa o quão insignificante você ache o seu papel neste planeta; ... saiba que a sua falta seria dolorosamente sentida. Nenhuma outra alma poderia ocupar o seu lugar. Não é o trabalho feito por você que conta, mas a energia que você traz ao planeta.

P: Para progredir na carreira, sinto que devo mudar para outra cidade; mas me sinto tolhido quando tento saber o lugar exato para onde devo ir.

R: O Universo nos fornece sinais e diretrizes que nos indicam se estamos no caminho certo e na direção correta. Por exemplo, durante três anos eu intuí que no início de 1987 eu me mudaria de Norfolk, na Virgínia, mas não sabia para onde. Na última primavera, quando participava de um *workshop* na Pensilvânia, uma das participantes se aproximou de mim e disse que tinha um pressentimento de que eu ia me mudar para Boston.

Depois, seguiu-se uma série de "sinais"; por exemplo, nas poucas vezes em que eu ligava a televisão, ou o Boston Celtics estava jogando, ou o Public Broadcasting System mostrava cenas de Boston. Em mais de uma ocasião, enquanto viajava de avião pelo país, descobria que estava sentada perto de uma pessoa de Boston. Exatamente quando comecei a achar que eu estava inventando tudo isso, levantei os olhos e vi que estava seguindo um carro que tinha um adesivo da Universidade de Boston.

Esses sinais são importantes e é imprescindível que sejam percebidos. O Universo nos fornece "totens" por uma razão: para poder com isso dar sinais concretos — exatamente o que o nosso hemisfério esquerdo deseja — de que estamos no caminho correto. Se você está confuso sobre como pedir por um sinal, ele lhe será dado.

Assim que me mudei para a Nova Inglaterra, seguiram-se outros fatos positivos. Passei a participar de um número maior de seminários e *workshops*. Surgiu a oportunidade de trabalhar num hospital com os pacientes e com o quadro de funcionários. Também foi possível levar adiante e de forma mais detalhada a minha pesquisa com o dr. Albert Dahlberg da Brown University. Estudamos a conexão entre a informação médica intuitiva e a informação médica tradicional, num esforço para juntar as duas de uma maneira construtiva.

P: Como confiar no que sinto?
R: Você tem de trabalhar com a informação que recebe. Olhe com atenção os sinais e as portas a serem abertas. Se

abrem com facilidade, são boas as chances de que esteja no caminho certo; se, pelo contrário, são difíceis de abrir ou se fecham bruscamente, talvez você deva procurar outro caminho.

P: Como saber se devo desistir?

R: Quando as coisas ficam tão difíceis que se torna virtualmente impossível realizar alguma coisa, e você sente que para cada passo dado adiante você dá dois para trás, olhe para outra direção. A vida não tem de ser difícil. Fazer com que fique menos dura pode ser tão fácil quanto livrar-se de um objetivo difícil ou impossível. Quem colocou o objetivo em primeiro plano? Era o seu propósito original ou foi imposto pelos seus pais ou por alguém com autoridade equivalente? Talvez você tenha aceito esse objetivo devido aos "podes" e "deves". Tirá-lo da mente permitirá que você mude para um propósito superior que pode estar atualmente oculto devido a uma excessiva energia dirigida para uma direção errada. Lembre-se de que as coisas se tornam fáceis quando estamos no caminho certo. Exceção a essa regra é a pessoa que tenta chegar aonde deseja, apesar dos tempos difíceis. Reflita: não é necessário que seja através de "tempos difíceis". Não teria sido ela quem criou esses tempos difíceis, porque o seu sistema de crenças sugere que só através de trabalho duro é que se alcançam os objetivos?

P: Como saber que fiz a escolha certa?

R: Você se sentirá bem quando sintonizar o sentimento que vem do seu coração com o quadro mental ou com o pensamento pelo qual tenha se decidido. Fique em estado de meditação e relaxe. Peça uma orientação à sua mais alta fonte de informação e declare, verbal ou mentalmente, aquilo que você decidiu. Então espere e veja o que isso provoca no seu corpo. A resposta correta entrará em equilíbrio com o chakra do coração. Nele você sentirá uma centralização e um aquecimento e saberá que aquela é a escolha certa. Se, pelo contrário, sentir nervosismo ou ansiedade, é porque deve substituir a sua escolha por outra alternativa. Veja qual alternativa faz seu corpo se sentir mais confortável.

P: Há sempre recompensa quando se faz a escolha certa?
R: Sim, há. De uma forma ou de outra, as recompensas sempre se manifestam de maneira positiva: satisfação interior, certeza de que estamos fazendo o que a nossa alma quer que façamos e, finalmente, que fazemos determinada coisa porque é do *nosso* desejo, e não coisas que os outros esperam que façamos.

P: Há um emprego que desejo, mas tem alguém ocupando a vaga. Não quero causar nenhum mal a essa pessoa, mas não consigo achar nenhuma outra coisa que preferisse fazer.
R: Um dos principais problemas quando criamos nossa vida e carreira é pensar que só há uma escolha entre tantas. Esquecemos que existe um universo abundante, cheio de tudo... até mesmo de empregos. Você pode imaginar que o emprego ideal terá todas as condições favoráveis de salário e trabalho; afaste essa idéia e saiba que o emprego ideal ou algo melhor irá se manifestar na sua vida. Visualizar aquilo que deseja ter não significa que você esteja prejudicando alguém. A alma ou o espírito dessa pessoa também se manifesta de modo constante para ela. É possível que a pessoa que está ocupando o cargo que você deseja venha a ser promovida ou consiga um outro emprego com alto salário em outro lugar. Contanto que

visualize o bem de todos, você não precisará se preocupar. Você não tem o poder de manipular a alma do outro, mas somente a percepção e a criação da sua realidade.
P: Não sei bem o que eu quero. Por onde devo começar?
R: Neste mundo, há muitas pessoas que não sabem o que querem.

Sempre que consigo idealizar uma imagem clara do que eu quero, ela se concretiza quase que de imediato, no prazo de um dia ou de uma semana. Entretanto, até conseguir essa clareza pode levar semanas ou meses de processo inconsciente.

Uma maneira de começar a ver o que você quer é relaxar e visualizar aquilo que estará fazendo daqui a cinco ou dez anos. Olhe e examine a imagem em todos os seus detalhes: quem está com você, em que local se encontra, que carreira está seguindo, se se sente feliz, etc. Se não está feliz, procure um modo de mudar essa imagem e faça essa mudança também na sua mente. Certifique-se de que você se incluiu nessa imagem.

Depois que tiver elaborado essa imagem de si próprio no futuro, sente-se, pegue lápis e papel e escreva os seus objetivos a curto prazo (próximo ano); médio prazo (os próximos cinco anos) e longo prazo (os próximos dez anos). Certifique-se de que seus objetivos são justos e possíveis de ser alcançados. Por exemplo, não deixe que o seu objetivo seja perder 100 libras num mês. Isso não só é irreal como deixa de ser saudável.

Se, por alguma razão, não atingir um dos seus objetivos, não se julgue derrotado. Simplesmente seu objetivo mudou e você já não lhe está dedicando a mesma energia. Os objetivos, como tudo na vida, precisam ser flexíveis e fluir com a energia universal.

P: Não me sinto livre para cuidar da minha vida. Fiz a mim mesmo tantas exigências que tenho de cumprir.

R: Não importa como tenha formalizado a questão, é você o responsável pela sua vida e pelas exigências nela contidas. Se acha que os outros estão tirando vantagem de você, é porque você permite isso. Lembre-se: você é quem cria a sua realidade e a atrai para si quando pensa nela. Se o juízo que faz de si mesmo não é o de um espírito livre, capaz de dirigir a sua própria vida, comece a pedir ajuda à sua fonte de informação mais superior que ela virá.

MEDITAÇÃO

As questões relacionadas com a vida estão, provavelmente, entre as mais difíceis de focalizar e de esclarecer. Antes de começar a perguntar à sua fonte de informação sobre você e seu futuro, é importante que relaxe durante uns 30 minutos.

Depois que estiver relaxado, faça a si mesmo as seguintes perguntas:

Sou feliz?

Se não sou, o que me impede de ser feliz?

O que procuro?

Quais são as minhas preferências, para a minha vida e para a minha carreira?

Quando tiver 100 anos e olhar para trás, do que eu gostarei mais?

Quando tiver 100 anos e olhar para trás, o que eu gostarei de mudar?

Agradeça ao seu Eu superior por essa informação. Peça que lhe sejam dados "sinais" de que está indo na direção certa. A partir daí, é só observar esses sinais.

O fato de que a mente governa o corpo é, a despeito da pouca importância que a medicina e a biologia lhe dão, o mais fundamental que conhecemos sobre o processo da vida.

— Franz Alexander, M.D.

Temos de riscar a palavra "impossível" do nosso vocabulário. Como Ben Gurion observou em outro contexto: "Quem não acredita em milagres não é realista." Além do mais, só aprendemos quando notamos o quanto expressões como "remissão espontânea" ou "milagre" podem nos enganar. Esses termos sugerem que o paciente tem que ser um afortunado para poder ser curado. Porém, as curas só acontecem como conseqüência de um árduo trabalho. Elas não são atos de Deus. Lembre-se de que o que é considerado milagre numa geração pode vir a ser um fato científico em outra. Não feche os olhos para os atos ou acontecimentos nem sempre mensuráveis. Eles ocorrem por efeito de uma energia interior que está ao alcance de todos nós. É por isso que prefiro termos como "criativo" ou "cura auto-induzida", porque enfatizam o papel ativo do paciente.

— Bernie S. Siegel, M.D.
Love, Medicine and Miracles

Capítulo Quatro
Saúde

Certa vez, Robbie Gass fez uma declaração que começava assim: "Você receberá um corpo. Poderá gostar dele ou odiá-lo, mas será seu por toda esta vida."

Com muita freqüência, o conceito de cuidado com o corpo é esquecido, relegado para depois ou completamente ignorado, na esperança de que o corpo cuide de si mesmo. Ele realmente cuida de si mesmo — talvez não do jeito que gostaríamos — mas também se molda de acordo com os nossos pensamentos e padrões de raciocínio.

Seu bem-estar físico talvez seja a mais importante dentre todas as realidades criadas pelo seu sistema de crenças. Se o corpo não estiver sadio, como acreditar que se pode criar riqueza e felicidade na vida?

Na sociedade ocidental, a confiança nos médicos é preponderante. Não só a confiança entre paciente e médico influencia a cura final do paciente, mas também a crença na habilidade do corpo para se curar.

Minha experiência com outros médicos que adotam como nós a abordagem intuitiva não-tradicional mostrou que só depois de pelo menos cinco anos de trabalho eles começam a perceber que não têm todas as respostas.

Pacientes que deviam melhorar morrem e outros que não tinham chance de cura vivem. O que acontece? Milagres? Ou simplesmente a ciência do amanhã que se dá a conhecer nos dias de hoje? Meu pressentimento é o de que em dez anos a pesquisa que hoje fazemos das relações mente/corpo se tornará um conhecimento generalizado — o modo como as coisas funcionam naturalmente.

O primeiro passo para conseguir um corpo saudável é saber que os seus pensamentos criam o seu corpo físico. As preocupações que todos temos se manifestam através de rugas e cenhos franzidos; o cansaço e as obrigações, através de dores nas costas, e as pessoas ou os problemas que não conseguimos engolir se transformam em úlceras, gastrites e colites.

O corpo é um barômetro maravilhoso não apenas do que acontece na sua mente mas também do que ocorre ao seu redor, no ambiente onde você vive. Ele rapidamente informa que precisa descansar, que precisa de alimento, de carboidratos, de proteínas ou de exercícios. Você sabe intuitivamente se tomou ou não muito sol, ou se deve consultar um médico sobre o problema que o está preocupando.

No instante em que você é ferido, você sabe se quebrou um osso ou se se trata de um ferimento superficial, de uma simples torcedura, por exemplo. Conhecer esses fatos não significa que você preste atenção neles. Neste país pensamos que se não formos ativos não seremos produtivos, e ser produtivo pode significar que continuamos a trabalhar mesmo quando não estamos gostando do que temos de fazer.

Se forçamos o nosso corpo até o limite, por exemplo, trabalhar durante longas horas quando nossa intuição diz para descansar ou para tomar café e só depois prosseguir, significa que estamos mandando ao nosso corpo uma mensagem que terá de ser expressa de modo enfático para que seja notada. No entanto, poderá ser tarde demais. Forçar o corpo até o limite pode significar uma hospitalização ou uma doença grave.

Quanto mais leio sobre assuntos médicos, mais conhecimento obtenho sobre o nosso estado emocional e sobre sua reação sobre o corpo. A seguir, enumero algumas das doenças mais comuns e as emoções que as provocam.

Dores nas costas: ter mais obrigações ou responsabilidades que o necessário. Dores agudas nas costas indicam que alguém o está golpeando por trás.
Úlceras, dores no estômago: suportar alguém que você não consegue "engolir".
Dores nas extremidades: incapacidade para seguir adiante, para mudar.
Dor de garganta: falta de comunicação, algo que não está sendo dito.
Problemas de visão: não vê com clareza, evita a intuição.
Problemas de audição: não presta atenção na sua voz interior.
Problemas cardíacos: incapacidade de expressar amor.
Frio: necessidade de carinho, de fazer parte de um grupo, de descansar.
Câncer: temperamento demasiado introvertido, emoções que precisam ser liberadas.

P: Se a meditação é tão importante como se diz, então por que tenho de me alimentar apropriadamente e de me exercitar? Parece que eu deveria ser capaz de fazer tudo o que quisesse, e também meditar e ser saudável.
R: Nós estamos neste plano de existência na forma humana e é importante que cuidemos dela adequadamente. Essa

forma por nós escolhida foi criada para aprender, e esse aprendizado não acontece se não houver um contínuo fluxo de energia. O corpo foi feito para o trabalho, para o movimento, para o prazer. A meditação pode fazer muitas coisas. Há exemplos de iogues que viveram e meditaram com o único objetivo de chegar a uma idade avançada. Mas você não é um iogue, mas alguém que vive num ambiente estressante da sociedade ocidental. É preciso que você se exercite e coma apropriadamente.

P: Você falou em "comer apropriadamente". O que eu como não tem relação com o meu sistema de crenças? Se eu acho que é bom, me faz bem; se acho que é mau, me prejudica?

R: Basicamente, sim. O problema é que fomos educados para pensar que a única forma de ficarmos saudáveis é fazer três refeições diárias bem balanceadas. Aos poucos estamos mudando nossa opinião para: "É melhor comer diversas refeições pequenas por dia" e "não é obrigatoriamente bom comer carne". A mania que atinge o país vem substituindo uma crença por outra, e todas se referem ao que colocamos na boca. Do ponto de vista técnico, você pode comer o que quiser, sem sofrer por isso nenhum prejuízo; tudo será transformado em carboidratos que serão queimados para obtenção de energia. Mas mentalmente será difícil quebrar anos de hábitos alimentares.

P: Há alguma forma natural de retardar o envelhecimento?

R: Alguns conhecidos meus que parecem ter "retardado" o envelhecimento nunca pensam na idade. De fato, quando questionados a respeito, têm de fazer alguns cálculos. A idade não é algo que os preocupa. Envelhecer faz parte da vida, mas não significa que nosso corpo tenha de ser um fardo pesado para nós ou que sejamos forçados a encarar a nossa idade.

P: Tenho medo de entrar em contato com o meu Eu superior e saber quando vou morrer. Isso me amedronta.
R: Nós todos sabemos quando iremos morrer. Quando a morte se coloca sobre o nosso ombro esquerdo — que é o nosso futuro — é que podemos começar a aprender o que é a vida. No entanto, é bom saber qual "*script*" que fizemos sobre a nossa morte. Pode ser que achemos necessário mudar o "enredo", que em geral é feito com base na morte do genitor do mesmo sexo que o nosso. Se homem, de acordo com a morte do pai; se mulher, conforme a morte da mãe. Eles são o nosso modelo básico; as doenças e a morte deles constituem o único meio de escapar dessa realidade. Tente saber com que idade você poderá morrer. À medida que envelhecer, você descobrirá que escolheu uma idade que hoje lhe parece muito prematura; mude para outra. Sabedores do modo como pensamos que vamos morrer, ou o "enredo" que elaboramos para nós mesmos, podemos afastar medos irracionais e entrar em contato com a nossa voz interior, que não tem medo da morte.
P: De que modo podemos dar ouvidos ao nosso corpo?
R: Nosso corpo é um barômetro. A dor de cabeça não revela apenas que estamos precisando de mais cafeína. Ela indica que não estamos gostando da nossa situação no trabalho, de alguém com quem estamos, etc. Temos de aprender a entender o significado dessas pistas. Sua dor na nuca pode estar dizendo que uma determinada pessoa ou situação é extremamente desagradável.

À medida que você começa a se abrir espiritualmente, você fica mais sensível ao sofrimento alheio, torna-se uma esponja e absorve toda informação, dor e sentimentos ao seu redor. Na próxima vez que estiver com dor de cabeça, pergunte a si mesmo: "Qual é o problema com a minha cabeça?" Se a dor de cabeça for sua, ela aumentará; mas se pertencer a outra pessoa, então desaparecerá.

MEDITAÇÃO

Relaxe numa poltrona, num lugar de sua predileção. Afrouxe as roupas e ponha os pés para cima. Em seguida, procure fazer com que todo o seu corpo fique bem à vontade, que nada o incomode. Tente não pensar em problemas ou soluções. Respire profundamente e, quando aspirar, visualize uma luz quente fluindo do alto da sua cabeça, movendo-se vagarosamente através do seu corpo até atingir a sola dos pés. Enquanto aspira, pense que todas as coisas de que necessita ou que deseja estão fluindo para você. Quando expelir o ar, faça com que a luz volte para o alto da cabeça e comece a circular ao redor de todo o seu corpo. Expulse tudo o que não seja benéfico: fraqueza, ciúme, ansiedade, pobreza.

Depois de fazer isso por alguns minutos, visualize o seu corpo físico. Se não conseguir de início, então sinta-o, toque naquela parte que dói ou que acusa algum desconforto. Em seguida, dirija a luz branca para a parte do seu corpo que precisa ser curada. Sinta o calor e a intensidade da luz em ação. Saiba que você e a fonte universal de energia, da qual é parte, estão curando o seu corpo, restaurando-o até a perfeição.

*Outra mudança que realmente me impressiona é o
respeito que se dá à intuição nos ambientes
de trabalho. Agora as pessoas estão dispostas a dizer:
"simplesmente sinto que vai dar certo".*

— John Naisbitt,
Megatrends

Capítulo Cinco
Decisões nos Negócios

Hoje, mais do que nunca, o uso da "mente" desempenha um importante papel nas decisões e na gerência de negócios. Alguns acham que dentro de 15 anos será perfeitamente normal o uso da intuição para tomar decisões nos negócios, conseqüência do maior prestígio obtido pela forma de pensar do hemisfério direito do cérebro como resultado tanto das pressões feitas a este país por mercados como o do Japão — onde o emprego da intuição nos locais de trabalho vem proporcionando benefícios consideráveis — quanto da aceitação deste enfoque intuitivo do trabalho por companhias americanas de primeira linha. Dentre as companhias precursoras dessa revolução mental, temos: a Arco, a Dow Corning, a IBM, a Kodak, etc.

O que está acontecendo por causa dessa revolução mental é que mais e mais executivos do alto escalão estão compreendendo que a tomada de decisões não é função exclusiva do hemisfério esquerdo, o do pensamento analítico, mas sim resultado da integração de ambos os hemisférios, o analítico e o intuitivo. Numa explicação mais simplificada, o uso do hemisfério direito permite que o lado intuitivo, criativo do cérebro, tenha voz nas decisões conjuntas com o lado analítico, o hemisfério esquerdo. No mundo das empresas corporativas, essa teoria é conhecida como "pensamento integrado".

A palavra usada para designar essa teoria é "palpite" e está sendo usada por muitos executivos que freqüentemente tomam decisões opostas ao que indicam as estatísticas disponíveis, preferindo confiar naquela sensação "visceral", muitas vezes com sucesso. A história do mundo dos negócios está repleta de casos de decisões erradas, porque se acreditou unicamente nas informações úteis resultantes de pesquisa. Exemplo recente foi a decisão da Coca-Cola de criar uma nova fórmula para a "Coca".

Certamente continua sendo necessário fazer o "trabalho de casa" antes de tomar decisões sobre finanças ou negócios. No entanto, a informação avaliada pelo hemisfério esquerdo será mais proveitosa quando integrada aos dados provenientes do hemisfério direito.

À medida que o pensamento integrado ganha credibilidade, um número maior de grandes empresas tem divulgado através de cursos a experiência com esse conceito, obtendo bons resultados na seleção de pessoal, na área de *marketing*, na previsão de tendências e na compra de equipamentos.

O pensamento integrado é um conceito novo; por isso, muitas pessoas ainda se sentem constrangidas em pedir ajuda e, com freqüência, quando querem saber algo sobre o assunto, fazem o seguinte preâmbulo: "Sei que é uma pergunta tola, mas...". Isso acontece por acharem que já deveriam ter o discernimento analítico ou a sagacidade nos negócios que os capacitasse a saber a resposta.

Eis alguns exemplos das perguntas mais comuns feitas nos cursos sobre pensamento integrado:

P: Como saber se é a ocasião certa para comprar uma propriedade?

R: A compra de uma propriedade começa com uma semente plantada no subconsciente que, uma vez nutrida, crescerá até amadurecer num sentimento pleno de que você quer ser dono de algo que faz parte da Terra. Da mesma forma que projetamos pensamentos que atraem certas pessoas, também é o caso com o processo de adquirir casa própria. Talvez o começo seja caminhar por uma rua qualquer somente para encontrar a casa dos seus sonhos com a placa de "Vende-se" na parede.

P: Como saber que é o tempo ideal para iniciar um negócio?

R: Se o negócio lhe parece bom, dê início a ele. Mas se, ao contrário, você ficar nervoso, ansioso ou inseguro e sentir certa tensão na cabeça quando pensa a respeito, é melhor adiar as decisões até que desapareçam esses sentimentos inquietantes.

Comece por avaliar suas emoções, concentre-se em si mesmo, relaxe. O período da manhã é o melhor para esse exercício porque a sua atividade está no ponto mais baixo e a mente ainda não está cheia dos afazeres do dia.

Uma observação final para aqueles que preferem refletir com mais liberdade. É possível controlar certas regras do nosso ambiente, o que significa que se pode ser um vencedor. Exemplo disso é o caso de Ray Kroc, que comprou a cadeia McDonald's, indo contra os conselhos do seu advogado e do consultor financeiro. O prêmio: The Golden Arches!

EXERCÍCIO

Para a solução de problemas:
Junte todas as informações disponíveis e reveja cada uma das decisões. Guarde as informações e vá passear, jogar

tênis ou tomar um café. Espere que a resposta apareça na sua mente.

Antes de dormir, deixe o "problema" nas mãos do seu Eu superior e peça para ter um sonho que lhe dê a resposta. Quando acordar, faça um registro escrito do que sonhou.

Relaxe em posição deitada ou reclinada. Exponha o problema à sua mente e busque uma solução. Quando perceber alguma imagem, palavra, pensamento ou qualquer outro tipo de informação, veja que efeito ele faz no seu corpo. Observe se há uma centralização no chakra do coração. Sente-se bem com a resposta? Ou fica ansioso, com dúvidas? Se for este o caso, leve a questão de volta ao seu Eu superior e procure uma solução que proporcione mais bem-estar ao seu corpo e ao chakra do coração.

VISUALIZAÇÕES

Antes de um encontro importante:
Relaxe e deixe a luz branca fluir através do seu corpo, começando pela cabeça e descendo até os pés. Imagine que está na sala de reuniões ao lado da pessoa ou das pessoas com quem gostaria de estar. Olhe para si mesmo e para os outros com grande discernimento. Deixe a situação se desenrolar do modo exato como gostaria que fosse e inclua um sentimento caloroso de amor e de amizade. Envolva essa imagem num balão cor-de-rosa e solte-o. Saiba que essa sua aspiração, ou algo melhor, irá se manifestar para você.

*Quando o amor acenar, siga-o
ainda que por caminhos ásperos e íngremes.
E quando suas asas o envolverem, renda-se a ele
ainda que a lâmina escondida sob suas asas possa feri-lo.
E quando ele falar a você, acredite no que ele diz,
ainda que sua voz possa destroçar seus sonhos,
assim como o vento norte devasta o jardim.*

*Pois, se o amor o coroa, ele também o crucifica.
Se o ajuda a crescer, também o diminui.
Se o faz subir às alturas e acaricia seus ramos
mais tenros que tremem ao sol, também o faz descer
às raízes e abala a sua ligação com a terra.*

*Como os feixes de trigo, ele o mantém íntegro.
Debulha-o até deixá-lo nu.
Transforma-o, livrando-o de sua palha.
Tritura-o, até torná-lo branco.
Amassa-o até deixá-lo macio;
e então o submete ao fogo para que se transforme
em pão no banquete sagrado de Deus.
Todas essas coisas pode o amor fazer
para que você conheça os segredos do seu coração,
e com esse conhecimento se torne um fragmento
do coração da Vida.*

— Kahlil Gibran,
O Profeta

Capítulo Seis
Relacionamentos

Em qualquer época da vida, o relacionamento pode ser uma das lições mais difíceis. Como amar, como separar-se, como encontrar aquele alguém especial que sabemos que existe? Lamentavelmente, poucos ouvem a voz interior que pode levá-los a conhecer não somente o lugar que lhes pertence, mas também aquela pessoa com quem devem se relacionar (ou então, a reconhecer que estão com a pessoa errada).

Relacionar-se é tão difícil quanto sentir-se "destinado" a ser só. Se for esse o seu caso, comece a "desfrutar" a solidão. Descubra quem você é, trate-se com um carinho todo especial ... Em resumo, use o tempo para aprender a amar a você mesmo.

Ao mesmo tempo, se você quer realmente um relacionamento, afirme diariamente que está atraindo para você o parceiro ideal: "Agora estou atraindo para mim o relacionamento mais perfeito possível." Quando o encontrar, saiba reconhecê-lo. Você pode se transformar naquilo que pensa; por isso, comece a orientar a vida com base nos seus pensamentos. Para que consiga, em determinado tempo, a relação mais perfeita possível, é importante saber que o seu parceiro ideal está vindo, que você conquistou essa relação, que a merece e é seu direito inato.

PERGUNTAS

P: Como saber que uma relação é boa para mim?
R: Ouça a sua voz interior. Como se sente quando está com essa pessoa? É só atração sexual ou existe algo mais? Há alguma atração que não consiga identificar? Saiba que, se as qualidades que o atraíram na outra pessoa se baseiam em algum tipo de insegurança emocional ou financeira, o relacionamento já começou com problemas. É fácil para o nosso pensamento lógico concluir que um relacionamento é ideal pelos bens materiais que nos proporciona, mas temos de ficar atentos à nossa intuição quando nos dispusermos a avaliar o quadro geral.

P: Toda pessoa tem uma alma gêmea ou um companheiro ideal?
R: Sim, mas não se trata da mesma pessoa. Antes de reencarnar neste plano, éramos seres completos, macho e fêmea. Quando nos decidimos a reencarnar, nos dividimos num ser dominante, o macho, e num ser passivo, a fêmea, para que pudéssemos aprender as lições de vida de ambos os pontos de vista. Essa outra metade é o nosso exato oposto... a nossa alma gêmea. Sempre estamos aprendendo as lições que ele ou ela aprende. Quando nos aproximamos do tempo de completar o aprendizado neste plano, somos atraídos pela nossa alma gêmea para trabalhar as diferenças que nós mesmos criamos.

P: Você fala em diferenças. Isto significa que a relação nem sempre é perfeita?

R: É exatamente isso. Você está trabalhando com os problemas do seu outro eu, do seu oposto. Pode ser difícil, mas será extremamente satisfatório à medida que você for compreendendo os problemas que criou ao longo das muitas vidas por que tem passado.
P: É possível fazer isso sem discussões ou desentendimentos?
R: Provavelmente, não. A humanidade de ambos estaria sendo negada. Por trás dos desentendimentos há um amor intenso que sabe que estamos tentando ser justos, ser um só.
P: É possível não encontrar a nossa alma gêmea?
R: Sim, é possível. Mas só se estivermos num estado em que ainda seja necessário vivenciar certo número de vidas da forma mais completa possível. Antes de encontrar nossa alma gêmea, temos de agir do modo mais íntegro e correto possível. Quando estamos nesse estado, não podemos ajudar um ao outro. Só atrair; esse é o nosso destino.
P: Isso explica as almas gêmeas; mas, em relação ao companheiro ideal? Fala-se tanto sobre isso hoje em dia...
R: O companheiro ideal é uma alma com quem vivemos várias vidas, com quem estivemos casados outras vezes ou com quem já fizemos parceria nos negócios; ambos criados e aperfeiçoados por seus próprios karmas.
P: Você fala como se tivéssemos muitos companheiros ideais.
R: E temos. Por isso há pessoas com quem podemos ser felizes e amar, pelo menos até que tenhamos estudado a razão de viver juntos.
P: Por que o amor acaba nos relacionamentos a dois?
R: O amor não acaba; o que acaba é o trabalho que temos de realizar juntos. Os relacionamentos, como tudo o mais, caminham num ritmo, num ciclo. Quando entramos em contato com esse ritmo, sabemos quando é tempo de seguir a energia para uma outra fase da vida.

P: Você está dizendo que não devemos encarar a separação e o divórcio como traumáticos e negativos?
R: É exatamente o que estou tentando dizer. Como deve ser do seu conhecimento, terminei recentemente com uma relação antiga e duradoura. Estivemos juntos desde o colégio e nos apoiamos tanto financeira como emocionalmente. Esse era o nosso papel para aquela época. À medida que mudamos, também se modificaram nossas necessidades e nossos conceitos sobre os relacionamentos. Constatei que meu marido era na verdade um irmão para mim, e que era esse o tipo de amor que eu sentia por ele. Não o amo menos após essa constatação, mas reconheço que ele não é a pessoa, nesta fase de minha vida, que pode me ajudar a crescer mais e mais. Nem eu sou a pessoa que pode ajudá-lo a crescer daqui por diante.
P: Como chegou a essa constatação?
R: Concluí que alguma coisa havia se perdido na nossa relação. Algo que eu não conseguia definir, mas que eu na verdade estava buscando durante toda a minha vida.
P: O que você acha que era?
R: A minha alma gêmea.
P: Você encontrou a sua alma gêmea?
R: Encontrei.
P: Como sabe?
R: Eu simplesmente *sei*.
P: Por que algumas pessoas aceitam ficar com alguém que sabem não ser o par ideal ou a alma gêmea?
R: Elas não conseguem "acreditar" que o Universo sempre proporciona um parceiro especial e que tudo está esquematizado. Temos de aprender a acreditar e ser pacientes. Muitas pessoas começam a contar a idade cronológica:

"Tenho 34 anos; se não me casar logo, nunca terei uma família", etc.

P: Você acha que as pessoas estão cientes da própria acomodação quando escolhem um parceiro que não é o ideal?

R: Ah, sim. Muitos amigos, agora divorciados, disseram que no dia do casamento sabiam que a relação não ia durar. Sabiam que estavam casando com a pessoa "errada". Eles calaram deliberadamente a voz interior. Acharam que se sentiriam vazios e incompletos ficando sós. Se tivessem compreendido a necessidade de amar e aceitar a si mesmos pelo que eles realmente são, poderiam ter atraído o parceiro ideal.

P: Que conselho pode dar para alguém que esteja esperando pelo companheiro de sua vida?

R: O conselho dado por um grande amigo que agora me vem à memória: "Os relacionamentos são como rosas. Deixe que desabrochem naturalmente. Não se deve induzir nem forçar esse desabrochar."

EXERCÍCIO (para um relacionamento atual):

Sente-se com calma, respire profundamente, isole-se do exterior e encaminhe seus pensamentos para o seu íntimo. Relaxe e faça a si mesmo as seguintes perguntas, uma de cada vez:

- Como se sentiu na primeira vez em que viu o amor atual?
- Era só atração física ou havia algo mais?
- Havia nessa pessoa algum aspecto mágico, incompreensível, que atraía você?

- Você sentiu que já havia conhecido essa pessoa antes?
- Como se sente agora em relação a essa pessoa?
- É ela quem realmente deve estar com você?
- Você ainda acha que existe alguém a ser encontrado?
- Quer ficar pelo resto da vida com o seu par atual?
- Consegue ficar dias, semanas com o seu par, sem relacionamento físico, mas satisfeito e feliz?
- Raramente conseguem ficar sozinhos? Sentem necessidade freqüente de fazer parte de grupos de pessoas?
- Você consegue conversar num nível profundo sobre si mesmo, seus desejos, medos etc. Ou censura o que fala, receando que o parceiro não entenda, não esteja interessado?
- O que sente quando estão juntos? Paz, contentamento, ou ansiedade para ir a algum outro lugar?
- Acha que alguma coisa está se perdendo nessa relação?

A lista acima pode estar incompleta. Você deve ter perguntas de natureza pessoal que precisam ser feitas. Elas podem ser acrescentadas à lista e respondidas tão honesta e intuitivamente quanto possível. Comece com a primeira resposta que lhe vier à mente. Não a descarte nem racionalize.

EXERCÍCIO

Fique sentado ou deitado e relaxe. Imagine que a luz branca está vindo do Universo e fluindo desde a sua cabeça até os pés, e depois circulando de volta à cabeça. Deixe-a fluir dessa maneira por alguns minutos. Agora peça para o seu Eu superior, ou para a sua fonte mais elevada de informação, que esteja presente. Afirme a essa fonte e ao Universo que o chakra do coração está pronto para se abrir. Que está preparado para dar e receber amor.

Com a sua visão mental, focalize a luz branca na região do coração e depois dirija-a para o Universo.

Afirme: "Meu companheiro ideal (ou minha alma gêmea) está vindo para mim. Sou amor e atraio amor. Meu companheiro ideal é amor e eu o atraio. Está vindo agora para mim."

Use o termo companheiro ideal ou alma gêmea, de acordo com a sua intuição. Você atrairá a pessoa perfeita para o tempo que você está vivendo.

Agradeça ao Universo essa ajuda e volte ao presente, sabendo que o seu par perfeito está tentando chegar até você.

Lembre-se, quando tiver atraído esse alguém especial, as relações serão como rosas; deixe-as desabrochar... naturalmente.

É o coração com medo de parar.
Que nunca aprende a dançar.
É o sonho que teme o despertar.
Que jamais corre o risco.
Aquele que não quer ser aceito.
também não quer se entregar,
E a alma com medo da morte.
nunca aprenderá a viver.

Extraído de *The Rose;* palavras de Amanda McBroom.
Copyright © 1977
Warner Tameriane Publishing Co.
Todos os direitos reservados.

Capítulo Sete
Medo

O medo é uma emoção universal que, quanto à intensidade, pode ser colocado junto do ódio e do amor. É possível que façamos mais coisas em função do medo do que de qualquer outra emoção que possamos sentir.

Nossa sociedade nos educou num sistema de medo: medo de Deus, medo de errar, medo do sucesso. Desde cedo a religião nos ensina a temer aquilo que não conhecemos, em suma, a temer que o "Eu" é parte do "nós". Por terem ensinado o medo e que a vida está além do nosso controle, tivemos limitada a nossa compreensão de como funciona o Universo. Nele existe a mágica, e nós a criamos em cada instante da vida.

A chave para dominar o medo é ter ciência de que além de ser mágico o Universo é comandado por uma fonte de inteligência que nos ajuda quando temos necessidade ou algum problema. Dentro dessa ordem cada coisa está programada; não há casualidades. Aquilo que consideramos medo nada mais é do que uma lição que criamos para aprender enquanto estivermos neste plano da existência. Com esperança aprendemos nossas lições à medida que surgem, para que não tenhamos de repeti-las vida após vida. Todas as existências contêm ensinamentos; de outra forma não haveria razão de estarmos aqui.

PERGUNTAS

P: Por que tenho tanto receio de admitir que sou médium... ou de pôr em prática minhas habilidades mediúnicas?

R: Há duas razões: uma, porque você vive numa sociedade na qual as instituições religiosas ensinam que o desconhecido é obscuro e diabólico, e que você não tem controle sobre a sua vida. Sem dúvida já lhe disseram, ou você deve ter lido em algum lugar, que o conhecimento psíquico ou metafísico é coisa do diabo. A sua parte que não crê em si mesmo admite um pouco disso como verdade. A outra razão é que numa provável existência passada você deve ter morrido por expressar aquilo em que acreditava... por saber que havia algo mais além da vida terrena. Há um lado seu que não quer repetir essa experiência.

Passei por algo parecido quando iniciava o meu conhecimento mediúnico. Achei que estava com medo de admitir minha mediunidade e, freqüentemente, fazia de tudo para bloquear as experiências. Certa noite senti que saí do corpo e, simultaneamente, tive uma regressão não planejada para uma vida anterior em que eu era queimada e morria como bruxa. Meus olhos eram verdes e eu era ruiva... podia notar as expressões dos que me viam ser queimada. Depois disso pensei: "Então a pior coisa que pode acontecer comigo por admitir minha mediunidade é a morte." Quando constatamos que podemos retornar a este plano mais de uma vez, a morte deixa de ser algo pavoroso.

P: Todos têm medo da morte?
R: Nem que seja em alguma época da vida, todos temos medo da morte. As pessoas não sabem o que existe além da vida, acham que vão perder os entes queridos e tudo o que acreditam ainda ter de realizar.

Quando escolhemos mudar para outra realidade, devemos nos certificar de que concluímos nossos objetivos neste plano. Estamos ainda aqui porque temos trabalho a fazer. Os pacientes terminais em geral descartam o medo da morte, pois sabem que ela não é o ponto final. Muitos relatam visões de anjos da guarda junto ao leito de morte e nos sonhos. Os guardiães estão ali para facilitar a jornada dessas pessoas. Lembrando o poema lírico *The Rose*: "A alma com medo da morte nunca aprende a viver."

P: Tenho um medo profundo de que ninguém goste de mim; por isso perco parte do meu tempo fazendo coisas que não gostaria de fazer, só para agradar aos outros.
R: Quando perceber que outras pessoas não gostam de você, saiba que isso significa que você não gosta de si mesmo. Você atrai aquilo em que pensa. Se não se ama, ou valoriza tanto as outras pessoas quer gostem ou não de você, acabará criando essa opinião a seu respeito no ambiente onde vive. Aprenda a ser bom consigo mesmo, a alimentar o seu ego. Não espere por uma ocasião especial para usar um perfume, para se vestir bem... ou se banhar com espuma e sais. Faça isso agora, porque se ama e quer ser bom consigo o máximo que puder. À medida que você passar a amar e a estimar a si mesmo, o amor por você pode seguir adiante e atrair automaticamente as pessoas que amam você e gostam de estar com você.
P: Quero mudar de emprego, mas tenho medo de não conseguir encontrar outra ocupação que me pague igual ou melhor, ou então de não me adaptar e ser feliz.

R: Sente-se calmamente e escreva uma lista daquilo com que gostaria de contar no seu emprego. Depois de listar tudo o que vier à mente e for do seu agrado, tome um tempo para refletir. Respire profundamente. Feche os olhos e imagine a luz branca, a força criativa do Universo descendo sobre a sua cabeça e fluindo através do seu corpo. Depois que a luz tiver fluído de maneira intensa, porém suave, pelo seu corpo, visualize o emprego desejado da maneira exata que gostaria que fosse, não esquecendo de se incluir nesse quadro. Envolva-o num balão róseo e solte-o, afirmando que tudo isso ou algo melhor irá acontecer com você. Não é necessário fazer mais nada além do que já fez.

P: Freqüentemente, sinto minha intuição dizer certas coisas, mas tenho medo de segui-la. O que aconteceria se ela estivesse errada?

R: Você nunca saberá se ela está certa ou errada, a menos que faça o que é sugerido. Nossa intuição sempre está certa. Temos de trabalhar e praticar para poder separar a mente "falante" da sabedoria interior, nossa verdadeira fonte do conhecimento. A única maneira de fazer isso é agir de acordo com os pressentimentos, seguir a emoção... a energia até onde ela nos levar. Quanto mais ignorarmos esse fato, mais fracos ficaremos, nossas vidas se tornarão mais confusas, agiremos de modo inconseqüente, e então muito provavelmente um desastre poderá nos acontecer.

P: Acho que os meus temores estão me impedindo de fazer as coisas essenciais da vida. Tenho medo de sair de casa, de dirigir o meu carro, de ver outras pessoas, em resumo, tenho medo de viver.

R: Quando os temores tiverem esse poder de inibição sobre você, é tempo de procurar um aconselhamento profissional. Você precisa consultar um especialista que o ajude a ver com clareza como esses medos irracionais controlam a sua vida. Há profissionais familiarizados com regressão a vidas passadas, com terapias de relaxamento e com as leis do Universo. Esse é o tipo de profissional que você deve procurar para conseguir readquirir o controle sobre a sua vida. Não há nada de errado em procurar ajuda quando se necessita dela.

P: Parece que ouvi você dizer que se acreditarmos no Universo, na ordem superior de tudo o que existe, não teremos medo de nada.

R: O medo não faz parte do plano principal do Universo, da energia universal que flui através de todos. Quando acreditamos que ele existe, protegendo e guiando todos nós... do que mais precisamos?

P: Se existe esse plano principal, então por que ele permite a dor, o sofrimento e outras misérias do mundo?

R: As misérias do mundo que vemos com nossos olhos humanos nada mais são do que reflexos originários do nosso eu interior que precisam ser tratados. Também são eventos que criamos em nossa vida que nos ajudam a crescer e a viver plenamente. Além do mais, se não houver experiências de perda ou solidão... como poderemos saber o que é o amor? Se não houver sofrimento, como poderemos ter alegria? E a dor, sinal de que algo não vai bem com o nosso corpo, não é fundamental para que saibamos o que é ser saudável?

MEDITAÇÃO

Relaxe, observando a respiração e fazendo com que a luz branca flua pelo seu corpo. Sinta a luz sair do seu coração e adentrar o Universo... perceba o calor e a energia que se originam dessa interiorização. Peça para o seu Eu superior que esteja com você e o proteja de qualquer pensamento ou emoção que não o beneficiam ou ao seu bem-estar. Mantenha-se relaxado, em seguida peça para saber o motivo do seu medo. Quando ouvir ou enxergar algo que lhe causa medo, observe com muita atenção. O que de pior pode lhe acontecer? Quando achar que conseguiu imaginar, do modo mais claro que puder, um quadro do "pior que lhe possa acontecer", imagine, do modo que puder, que está entregando isso ao seu Eu superior, que se encarregará do caso.

Sempre que sentir o lado lógico criando temores, diga a si mesmo durante o dia: "Você criará esses temores se quiser, mas eu os entrego nas mãos do meu Eu superior para cuidar do caso."

Faça uma lista dos seus temores. Ao lado de cada um, escreva como ele o impede de viver plenamente.

Se eu tivesse de começar a vida de novo, gostaria de errar mais vezes. De relaxar, de ser mais flexível. Teria mais simplicidade. Poucas coisas faria com seriedade. Correria mais riscos. Viajaria mais. Subiria em mais montanhas e nadaria em mais rios. Tomaria mais sorvetes e comeria menos feijão. Talvez agora estivesse com mais problemas. Porém, teria menos ilusões.

Como vê, sou uma dessas pessoas que vivem com sensatez e juízo, hora após hora, dia após dia. Oh, já tive meus momentos, e se os tivesse de novo eu os multiplicaria. De fato, eu tentaria não ter nada além deles. Só os momentos, um após outro, em vez de viver tantos anos sempre à frente dos dias. Fui uma dessas pessoas que nunca foi a nenhum lugar sem um termômetro, uma garrafa de água quente, uma capa de chuva e um pára-quedas. Se pudesse fazer tudo de novo, viajaria com mais descontração.
Se eu tivesse de começar a vida de novo, ficaria descalça bem cedo na primavera e permaneceria assim até o fim do outono. Iria mais vezes aos bailes e freqüentaria mais os parques de diversão. Escolheria o que fosse mais gratificante.

— Nadine Stair,
85 anos de idade,
Louisville, Kentucky.

"A vida tem de ser vivida como uma diversão, disputando determinadas partidas, fazendo sacrifícios, cantando e dançando; só assim o homem será capaz de aplacar os deuses."

— Platão

Capítulo Oito
Diversões

Estamos nesta vida para jogar e nos divertir. Se estivermos em contato com a nossa intuição e seguirmos o coração, nossas tarefas serão como um jogo. Não há separação entre o que estamos fazendo e o que queremos fazer de verdade.

Às vezes, quando estamos envolvidos com os problemas que criamos para aprimorar nosso aprendizado, deixamos de nos divertir. De fato, há momentos em que ficamos tão absorvidos em nossos objetivos que esquecemos o significado das diversões, da liberdade, para não nos preocupar com o que os outros pensam de nós.

Só relaxamos através dos divertimentos. Quando ficamos tensos e muito ocupados com o trabalho, não somos capazes de ouvir a voz interior da sabedoria nem o coração.

Brincar significa ouvir, sentir e experimentar. Para que possamos despertar a criança que existe em nós, temos de nos dispor a jogar, a usar a imaginação, a criatividade, temos de aprender a fazer de conta. Se formos alegres e ouvirmos o coração, seremos capazes de nos livrar das velhas crenças e valorizar as informações que a intuição nos fornece.

O Começo

Você não pode enganar a si próprio. Você sabe o que realmente sente em relação à sabedoria interior, à sua intuição. Se não tem confiança nela, dê pequenos passos, um de cada vez, para readquirir confiança na capacidade intuitiva de obter valiosas informações.

As pessoas intuitivas correm riscos, são confiantes e independentes e não são motivadas por desejos de segurança ou inflexibilidade. Se sua auto-estima é pequena, ou se confia mais nos outros do que em si mesmo, então está fazendo a sua intuição falhar com você.

Observe diariamente as declarações que faz a si mesmo. Você costuma dizer: "Esse problema é muito difícil, nunca encontrarei a resposta" — ou sabe intuitivamente que todas as respostas estão dentro de você e que, se você perguntar, o esclarecimento virá?

"É preciso que a pergunta seja formulada de modo claro e uma de cada vez" — foi o que Don Juan ensinou a Carlos Castañeda. Este é um conselho importante que encerra muita sabedoria. Você tem de saber o que realmente pretende: assim que fizer a pergunta, a resposta lhe será dada. Por isso, formular mais de uma pergunta de uma vez só pode causar confusão porque as respostas são imediatas.

EXERCÍCIOS

1.
- Escolha um problema ou uma situação que necessite de resposta.

- Escreva num papel tudo o que conhece sobre a situação.
- Detalhe o que gostaria de saber.
- Faça o exercício de meditação que está no fim deste capítulo, para que seja conduzido até o seu guia que o ajudará a obter as respostas.
- Escreva o que lhe foi revelado durante a meditação e veja se mais questões vêm à mente.
- Deixe de lado a situação ou o problema e espere.

2.
Diga a si mesmo várias vezes durante o dia: "Hoje à noite vou me lembrar de um sonho que me trará informação sobre _____ (determinada situação, problema, etc.)."

Antes de ir se deitar, relaxe e diga: "Vou sonhar e lembrar da informação que me será dada sobre_____."

3.
Escreva todas as perguntas que você conseguir formular.
Pergunte sobre a sua vida atual, futura, seus relacionamentos, etc. Fique atento às respostas que vêm à sua mente no instante em que formular a pergunta.

4.
Dê uma volta. Tente adivinhar qual será a primeira pessoa que encontrará na rua. Homem/mulher, velho/jovem, o que eles estarão usando, etc.

5.
Adivinhe o valor da sua próxima compra no supermercado sem tentar calcular. Adivinhe quanta gasolina seu carro vai precisar quando encher o tanque.

6.
Imagine que é outra pessoa, um ser que vive dentro de você. Converse com esse amigo interior sobre a sua vida, o seu futuro, a sua saúde e a respeito de alguma outra pessoa.

7.
Sente-se com um amigo. Feche os olhos e peça mentalmente para ficar em harmonia com essa pessoa. Depois de três minutos, façam uma pausa e falem sobre os pensamentos e imagens que cada um teve. Expresse como se sente, inclusive sobre qualquer desconforto.

8.
Relaxe e centralize a atenção em você. Saia e procure uma árvore. Depois de encontrá-la, faça-lhe mentalmente perguntas a partir de cada um dos quatro pontos cardeais. Do Norte, pergunte à árvore o que ela tem a revelar; do Leste, como ela se sente sendo uma árvore; do Sul, como você se sente; e do Oeste, o que você está sentindo.

9.
Com outras duas pessoas faça um rodízio, cada uma selecionando uma estação do ano ou um período do dia, e pense sobre o que todos escolheram. Não dê nenhuma pista, emotiva ou comportamental, sobre a opção feita. Pergunte às outras duas pessoas o que elas escolheram. Da mesma maneira que procedeu acima, escolha uma determinada idade e pense sobre ela.

10.
Sente-se e imagine que está viajando para uma outra cidade ou para a casa de alguém. O que você vê? Explore o local

em detalhes: fique atento a objetos incomuns e a coisas singulares que aconteçam. Analise o que viu.

11.
Imagine que algum conhecido seu seja uma rosa. Como a rosa está? Em forma de botão levemente aberto ou completamente desenvolvida? Veja onde o galho da rosa está colocado. Na água, num vaso, na terra ou simplesmente no ar? O que isso lhe diz sobre a pessoa? Peça uma resposta à sua mente. A primeira coisa que ocorre é em geral a resposta correta.

Não damos crédito à nossa mente quando sabemos uma resposta ou quando somos capazes de interpretar a informação que ela nos dá. Por exemplo, faça uma pergunta sobre alguém usando o exercício de Número 11 (o da rosa). Vamos imaginar que, em vez de ser uma rosa vermelha, a rosa era branca e estava totalmente aberta. Talvez o seu primeiro impulso seja dizer: "Não sei o que isto significa." Pergunte à sua mente. Imediatamente, ela dirá alguma coisa, por exemplo, o branco significa idade, iluminação, saúde, etc., e a rosa aberta mostra que a pessoa é sincera. Confie nas informações que recebeu.

MEDITAÇÃO

Relaxe e direcione a luz branca através do seu corpo. Respire profundamente, observando o fluxo da respiração para dentro e para fora do seu corpo, no mesmo ritmo da luz. Depois peça para fazer contato com a fonte superior de informação, o seu guia, conselheiro, ou qualquer outra referência, não importa como a denomine. Quando o conselho vier, faça a pergunta que desejar. Agradeça pela orientação recebida durante esta meditação.

EXERCÍCIO 1

Escreva a respeito da última vez em que teve um palpite e agiu de acordo com ele.

Escreva sobre a última vez que teve um palpite e não agiu de acordo com ele.

O que aconteceu depois?
Como é que você tem os seus palpites?

EXERCÍCIO 2A

Relaxe. Respire profundamente. Imagine que está envolto numa luz branca e quente. Pense nas coisas de que você gosta na vida, relacionamentos, trabalho, etc.

EXERCÍCIO 2B

Agora fixe a sua atenção no momento atual. Tente resolver um determinado problema que você tem numa dessas áreas. Procure ver quem está do seu lado e o que está fazendo para remediar a situação.

EXERCÍCIO 3A

Escreva a seguir três problemas sobre os quais gostaria de obter respostas.

1.

2.

3.

EXERCÍCIO 3B

Reflita com tranqüilidade sobre determinado problema. Com alguns lápis de cor, pinte um quadro descrevendo como se sente em relação a um (ou mais) dos três problemas sobre os quais acabou de escrever no exercício 3A.

O que você descobriu com a ajuda do desenho?

Preste atenção nas cores que usou, nos locais onde ficou mais colorido, onde ficou menos e onde deixou de colorir.

EXERCÍCIO 3C

Pergunte aos amigos o que eles vêem no quadro. Não fale sobre o que se refere: deixe-os intuir a informação.

EXERCÍCIO 3D

Faça o quadro do jeito que gostaria de ver a situação resolvida. Não esqueça de se incluir no desenho e use a cor rosa para cercar a sua imagem. Shakti Gawain diz que o rosa é a cor do coração e que seu uso traz harmonia para o que estamos criando.

EXERCÍCIO 4A

Preste atenção na sua "percepção". Do que você está ciente neste momento? Esse conhecimento é alguma coisa interior ou uma fantasia?

Direcione a sua percepção para algo de que atualmente você não esteja a par. É algo que vem do seu interior ou de fora?

Dirija a sua atenção para o dedo mindinho do seu pé esquerdo. Do que você passa a ter consciência agora? Você está ciente do dedo mindinho do seu pé direito?

Deixe que a sua percepção flua. Veja aonde ela o leva. Focalize a sua percepção sobre o seu corpo. Que parte está tensa? Qual está relaxada? Como posiciona os ombros? A cabeça? Os braços?

EXERCÍCIO 5A

Em inglês, a palavra *"belief"* [crença] tem origem na expressão *"be for me"*. Você tem uma experiência e eu aceito a sua palavra ou a sua experiência como verdadeiras. Antes do uso da linguagem não tínhamos sistemas de crença ... simplesmente *sabíamos* as coisas porque as experimentávamos. Ao longo das eras, passamos a acreditar em coisas que não chegamos a experimentar. Isto passa a ser importante quando aprendemos a ouvir do nosso coração que não devemos aceitar crenças sem que haja uma experiência para confirmá-las. Sistemas de crenças que não têm por base a experiência podem tornar-se confusos e limitar inclusive a nossa capacidade de conhecer.

Abandonar um sistema de crenças pode ser assustador. Como equilibrar o que nos foi ensinado nas instituições com o que estamos tentando aprender hoje em dia? Há um equilíbrio, e você tem de aprender a confiar nele. Comece a analisar o seu sistema de crenças atual.

EM QUE VOCÊ ACREDITA?

No lado esquerdo desta página, relacione dez coisas em que você acredita. Depois, ao lado de cada uma, escreva por que você acredita:

	Acredito em	Por que acredito
1.		
2.		
3.		
4.		
5.		
6.		
7.		
8.		
9.		
10.		

Essas crenças são válidas? Elas provêm da experiência?

EXERCÍCIO 5B

Relacione dez coisas nas quais não acredita. Ao lado de cada uma delas escreva por quê.

	Não acredito	Por que não acredito
1.	_____	_____
2.	_____	_____
3.	_____	_____
4.	_____	_____
5.	_____	_____
6.	_____	_____
7.	_____	_____
8.	_____	_____
9.	_____	_____
10.	_____	_____

Suas razões são válidas?

EXERCÍCIO 6A
Relacione dez (10) adjetivos que descrevam você.

1. _____
2. _____
3. _____
4. _____
5. _____
6. _____
7. _____
8. _____
9. _____
10. _____

EXERCÍCIO 6B

Com a mão não-dominante, relacione dez adjetivos que o descrevam.

1. _____   6. _____
2. _____   7. _____
3. _____   8. _____
4. _____   9. _____
5. _____ 10. _____

Agora compare as listas. Há diferença na maneira como se descreve?

Cada mão é comandada pelo lado oposto do cérebro. O lado esquerdo do cérebro é mais lógico e analítico. O lado direito é mais criativo, intuitivo ... dotado de sentimento e percepção. Se ambas as listas forem semelhantes, você está promovendo um trabalho eficiente de intercomunicação entre os dois hemisférios.

*Você tem de começar a acreditar em si mesmo.
Se não acreditar,
sempre tentará provar o mérito pessoal
através da opinião dos outros,
e nunca ficará satisfeito.
Estará sempre perguntando
aos outros sobre o que fazer,
e, ao mesmo tempo,
se ressentindo daqueles
a quem pede ajuda.*

— Jane Roberts,
The Nature of Personal Reality

Capítulo Nove
Confiança

Nossa sociedade nos condicionou a acreditar que as coisas só existem se puderem ser vistas, tocadas, provadas ou sentidas. Nosso sistema educativo privilegia o raciocínio analítico; a criança criativa ou com dotes artísticos recebe bem menos apoio, a não ser que estude numa escola para crianças superdotadas.

As instituições religiosas vêm incutindo o conceito de um Deus de longas barbas brancas, sentado no céu, distribuindo recompensas e castigos de acordo com o que fazemos na Terra. Nas sociedades ocidentais, não se dá valor à possibilidade de que temos mais de uma vida, de que talvez não nos aperfeiçoaremos em apenas uma existência.

Não é de admirar que, depois de todo esse condicionamento, não acreditemos naquele estalo na cabeça ou naquele sentimento que parece vir da alma e traz uma informação benéfica, valiosa.

Acreditar na intuição implica automaticamente correr riscos. Você se arrisca a errar ou a ser visto pelos amigos como um tolo porque não apresenta motivos racionais para o que está fazendo, arrisca-se também a perder amigos porque eles não conseguem ficar próximos de alguém que parece fazer as coisas por mero capricho. Você tem de se arriscar a mudar no plano pessoal, nos seus relacionamentos, no meio em que vive. Você precisa se arriscar a encontrar na vida coisas que nunca imaginou que existissem... a conseguir respostas que surtem efeito e estão plenas de significado. Você tem de pôr em risco a sua segurança para saber que a sua voz interior o orienta em qualquer circunstância da vida; e, apesar de nem sempre você ser capaz de ver aonde irá, você confia na sua intuição e sabe que está no lugar certo, na hora certa.

Comece a entrar em contato com a sua voz interior aprendendo como você recebe suas respostas. Como foi dito no Capítulo Um, há muitos modos de receber as informações da sua intuição. Existe algum pensamento que apareceu de súbito na sua mente? Você consegue verificar se a informação é válida? Sua reação a ela é muito importante quando estamos aprendendo a confiar em nós mesmos. Se a sua intuição diz para você levar um agasalho, embora o termômetro esteja marcando 26°C, você pega o agasalho ou fica discutindo para saber como é possível algo assim num tempo tão quente? Quando uma súbita nevasca o atingir, você verificará que a voz interior estava certa.

Lembre-se de que a intuição fala com suavidade e com muita paciência. Você pode ouvir, e ignorar, quantas vezes quiser a mesma mensagem. Mas não há exigências ou pressões para que se sinta culpado. Você poderá ouvir a mensagem enquanto estiver voltando do trabalho ou dirigindo por aí. Ela não virá necessariamente quando se sentar e meditar; pode ser que não esteja relaxado nessa ocasião ou talvez você esteja forçando demais para obter a resposta.

Aprenda a lidar com suas sensações físicas... esse "barômetro" de que já falamos neste livro. Quando começar a ouvir o seu corpo físico e a seguir o que ele diz, você estará entrando no fluxo natural de perguntas e respostas.

Peça ajuda ao Universo. Muitas pessoas sentem que só conseguem pedir ajuda em questões de alta natureza espiritual. Você está nesse corpo por uma razão. Sua voz interior é parte dele e está interessada tanto no fato de você adotar um regime saudável como na possibilidade de meditar durante 40 minutos para perceber a presença de seus guardiães e da luz branca.

Verifique tanto os indícios internos como os externos (lembram-se do episódio de Boston?). Algumas vezes, quando ignoramos a sabedoria interior, podemos encontrar um amigo que nos diz coisas que já havíamos escutado, mas que vínhamos ignorando durante meses. Ou então alguém lhe dá um livro que parece ter a resposta exata que você estava procurando. Há várias maneiras de receber informação se estivermos abertos a elas.

Eis alguns exemplos do contraste entre o seu lado intuitivo e o seu lado racional, analítico:

Intuição: Eu gostaria de me separar do meu sócio e ter um negócio próprio.
Sinto que alguma coisa não vai bem.
Racional: Não vou conseguir tocar um negócio próprio. Terei problemas financeiros, e perderei a amizade do meu sócio.
Intuição: Embora saiba que a festa de hoje à noite será assunto para várias semanas, prefiro ficar em casa e ler um livro.
Racional: As pessoas vão pensar que não estou sendo social. A anfitriã pensará que não gosto dela. Vou à festa; é o que devo fazer.

Intuitivo: Telefone para o Roberto.
Racional: Roberto vai pensar que estou atrás dele, importunando-o, tentando prendê-lo. (O que pode estar acontecendo é que Roberto quer falar com você, mas não consegue.)

Você entendeu. Sempre se pode racionalizar os fatos que a intuição lhe fornece. Uma das desculpas racionais mais comuns é a de não ser "lógico". A lógica nem sempre acompanha a intuição.

P: Às vezes sigo minha intuição e me dou mal. Como saber quando está certa e quando está errada?
R: A intuição está sempre certa, porém às vezes interpretamos de modo errado o que vemos ou sentimos. Podemos pensar que estamos "vendo" uma bela piscina quando na verdade estamos vendo um sistema de tratamento de água. Quando souber o modo como a intuição leva a informação até você, você será capaz de usar os sons ou os quadros mentais junto com os sentidos físicos. Essa combinação o ajudará a interpretar com eficácia as informações que recebe. Nunca se esqueça de que pode solicitar respostas aos seus sonhos porque não é fácil controlá-los, lidar com eles.
P: Para mim é fácil acreditar no que um médium me diz, mas quando a informação provém da minha sabedoria interior eu não consigo acreditar. Como mudar esse fato?
R: Quando você despreza a sua capacidade e confia cegamente em alguém que você acha que tem todas as respostas, especialmente as que lhe interessam, na verdade você está dizendo à sua intuição que não confia nela. Comece a "ouvi-la" diariamente e siga os conselhos que ela lhe dá. A cada ato de fé o processo intuitivo ficará

mais forte. Só procure respostas em outra fonte que não seja você próprio quando as suas emoções bloquearem a sua intuição ou quando sentir que precisa de que alguém reflita de volta para você aquilo que você está criando. Mesmo nesse caso, veja como as respostas repercutem no seu íntimo.

P: Quando as respostas vêm do meu íntimo, acho que eu as induzo. Como saber que não as estou criando, que não são apenas produto da minha imaginação?

R: Você as está criando, porém a sua imaginação é real. Pode chamar de "suposição", se assim o preferir, mas você quer aprender a "supor" com 95% de acerto. Não se preocupe com o fato de estar ou não criando; nós criamos tudo, inclusive toda a nossa vida!

MEDITAÇÃO

Sente calmamente num lugar onde se sinta bem confortável. Feche os olhos e procure ver ou ouvir os pensamentos que passam pela sua mente. Preste atenção, mas não tente reter nenhum pensamento em particular; deixe-os fluir, da mesma forma que a nuvem passa pelo céu. Procure ver como se sente em relação a esses pensamentos. Você se sente ansioso, à vontade ou indiferente? Direcione a sua percepção para o seu coração e veja como ele se sente nesse instante. Imagine que o seu coração irradia uma luz branca para o Universo. Em seguida, declare para ambos — coração e Universo — a seguinte afirmação:

"Sei que existem muito mais coisas do que podemos ver. Quero entrar em contato com esse conhecimento e adquirir confiança nele. Quero viajar por lugares que não posso ver e conhecer coisas que não posso conhecer. Estou disposto a ouvir a voz interior e a mensagem destinada ao meu coração. Eu confio."

Continue sentado e faça a si mesmo as seguintes perguntas:

O que me impede, neste período da minha vida, de acreditar na minha intuição?

O que me impediu anteriormente de acreditar na minha intuição?

O que preciso fazer neste momento para aumentar a confiança em mim mesmo?

A quem entrego o poder "de decidir por mim"? (Alguém em cujas respostas confia mais do que nas suas.)

Quando foi a última vez em que ouvi uma mensagem intuitiva e agi de acordo?

Quando foi a última vez em que ouvi uma mensagem intuitiva e não agi de acordo?

Diga a si mesmo que se lembrará dessas respostas e que as usará para ajudá-lo a adquirir confiança na sua percepção intuitiva e a confiar nela. Agradeça ao seu "coração" pela sua ajuda nesta meditação.

EXERCÍCIO

Da próxima vez que receber uma mensagem intuitiva sobre alguma coisa, *faça* o que ela sugere e veja o que acontece. Se ela vier do seu coração, então provará que é uma informação boa, valiosa. Se não for assim, se, por exemplo, for o seu ego e não seu coração que estiver falando, então a informação pode ser menos exata ou menos completa. Lembre-se de como se sentiu quando recebeu a informação. Você a levou até o seu coração e procurou saber o que ele sentia?

*No momento em que alguém assume um compromisso definitivo
consigo mesmo, a Providência também passa a agir. Começa a
acontecer todo tipo de coisas para ajudar esse alguém, o que não
aconteceria se esse compromisso não existisse. Uma torrente de
eventos emana das decisões, favorecendo a pessoa com toda espécie
de encontros imprevistos e de ajuda material que homem nenhum
poderia sonhar encontrar no seu caminho.
Tudo o que você puder fazer ou sonhar você alcançará. Sendo assim,
mãos à obra. A ousadia contém genialidade,
poder e magia. Comece agora!*

— Goethe

Capítulo Dez
Visualização

Alguém dá o passo inicial, assume um compromisso com outra pessoa, e as coisas começam a acontecer. Será que isso ocorre porque somos capazes de "ler" o futuro? Ou então porque o criamos?
Mas será que isso faz alguma diferença?
Muito se tem escrito sobre o poder da mente e da visualização. Mas ainda há muitas pessoas que só passam a acreditar nesse fato quando se torna realidade. Simplesmente, é bom demais para ser verdade. É magia, porém magia com substância, que traz à tona a questão: se podemos ou não conseguir tudo o que queremos, então por que existe pobreza, sofrimento, etc.? Em resumo, por que nem sempre conseguimos aquilo que almejamos? Ou conseguimos?
Vamos examinar essas questões. Se não conseguimos o que almejamos, talvez não saibamos ao certo o que queremos, ou por que nos satisfazemos com pouco. Podemos começar dizendo: queremos "X", mas nos contentamos com "Y"; na realidade, aceitaremos "Z". Essa dubiedade confunde o Universo, que tem um ordenamento próprio. Nossos pensamentos poderão ser vistos como uma fotografia ligeiramente fora de

foco. Se você pedir um ensopado, receberá exatamente isso: um ensopado! Só quando a sua visão e objetivo forem claros você conseguirá o que o seu coração quer.

A mágica que está por trás dessa teoria diz que tudo o que você atualmente tem na vida, em algum momento do passado não passava de um pensamento. Pode ser que você não tivesse consciência desse fato, mas tudo não passava de um pensamento. Mesmo hoje há um pensamento que precede tudo o que se torna real. Reflita: se aplicar demasiada ênfase ou preocupação a um evento qualquer, então, com toda a probabilidade, ele acontecerá, exatamente como no pensamento, seja para pior ou para melhor. Se o dia de hoje foi atrapalhado, isso acontece porque suas expectativas também eram atrapalhadas.

Nossos pensamentos se transformam em realidade, e a nossa realidade só parece fazer sentido depois que a vivenciamos. Para se orientar, para visualizar criativamente ou para permitir que as coisas se manifestem na sua vida, você tem de aceitar que você é aquilo que pensa que é. Tudo o que você sonhar ou quiser fazer você pode fazer. Portanto, comece agora.

Um policial reformado da guarda montada do Estado de Nova York é tão proficiente nesse tipo de controle mental que às vezes tem medo de pensar, pois sabe que seus pensamentos se realizam. Certa manhã eu também tomei conhecimento desse poder quando decidi pensar numa rosa. Às 16h15 desse dia um amigo me telefonou de outra cidade falando sobre uma canção que acabara de ouvir, exatamente *The Rose*, a minha canção favorita.

No dia seguinte, lembrei que ainda não tinha dado nome à rosa e novamente procurei saber o que aconteceria ao pensar nessa flor. Quando dirigia pela rua principal, olhei para a marquise de um cinema e lá estava o anúncio de um filme intitulado *O Nome da Rosa*. Isto continuou a acontecer por mais um dia, até que pensei na imagem de uma rosa do jardim de um amigo. Uma semana depois, eu estava na Nova Inglaterra jantando com outro amigo quando vi que no centro da mesa havia três rosas, cada uma correspondendo àquelas em que eu havia pensado.

Minha mudança para Providence, em Rhode Island, foi outro aprendizado sobre a manifestação do pensamento. Achei que não devia procurar um apartamento, mas pensar nele até que essa idéia se concretizasse. No dia em que comecei a procurar, tinha somente duas horas para tentar encontrar. Consultei os jornais e achei três que me interessavam, mas eu só dispunha de tempo para ver dois. Eu sabia que o primeiro não era o que eu queria, e eu achei o segundo muito caro.

No entanto, quando fui ver o segundo apartamento, o proprietário estava fazendo uma reforma bem de acordo com os meus critérios e até um pouco mais: paredes brancas, lareira, portas novas e sofisticadas, dois dormitórios (na realidade, três; eu não havia notado que havia mais um), amplo espaço para o meu grande piano e também para animais de estimação se eu quisesse. Além do mais, sua localização era privilegiada, próximo de alguns amigos, algo que eu não havia incluído no meu pensamento. Se tivesse tentado mentalizar um quadro com todos os "adendos", provavelmente não teria colocado o item localização, achando que seria muito egoísmo da minha parte.

EXERCÍCIO

Como concretizar aquilo que você deseja? Orientando-se pelo seguinte roteiro, poderá até se surpreender com os resultados.

- Tenha um objetivo definido. Saiba exatamente o que quer e dedique algum tempo para pensar a respeito, a fim de conseguir o que deseja. Então libere esse pensamento. Sabia que o Universo o trará até você.
- Byron Gentry, um praticante de cura de Oklahoma, usa as palmas para ajudar no processo terapêutico. (Eu uso uma combinação de métodos que aprendi com Byron, com Shakti Gawain e com a minha própria fonte de sabedoria.) Forme uma imagem clara daquilo que você quer ver concretizado. Bata palmas uma vez para pôr a cabeça em polaridade positiva e os pés em polaridade negativa. Bata palmas três vezes, para dissolver qualquer energia emotiva relacionada com a situação desejada; e bata palmas cinco vezes para aumentar a velocidade da energia universal que invade o seu corpo. Finalmente, bata palmas cinco vezes para aumentar a quantidade da energia universal que penetra no seu corpo.
- Imagine ou sinta a situação como gostaria que acontecesse. Inclua-se nesse quadro e a envolva num balão cor-de-rosa. Leve esse balão até um lugar de sua preferência e o solte enquanto diz o seguinte: "Isto, ou algo melhor, manifesta-se agora para mim de forma perfeita e harmoniosa, para o bem maior de todas as pessoas envolvidas."

Nota: É importante libertar aquilo que você quer. Só depois que o seu desejo entra em contato com a energia do Universo é que ele voltará a você.

Os exercícios acima ajudam a alcançar a percepção. Pense naquilo que deseja e a sua vontade se concretizará, bastando investir um certo tempo e seguir o ritual. ISTO FUNCIONA!

Quando conseguir o que deseja, haverá ocasiões nas quais quererá saber se de fato está criando a sua vida e, fantasticamente, está entrando em sintonia com o que o Universo está enviando a você. Quando você estiver em harmonia com o Universo perceberá que isso não faz nenhuma diferença. As coisas acontecerão exatamente como o previsto — e de acordo com o planejado.

O modo mais simples de concretizar esses desejos espirituais é pedir ajuda ao Universo, à sua fonte superior de informação. Peça-lhe que o ajude a receber informação de seus sonhos, e a experimentar ou a se conscientizar de uma experiência fora do corpo. Peça para saber tudo aquilo que deseja. Lembre-se: quando estiver pedindo, você precisa continuar a usar alguma energia em seu próprio benefício para que suas metas se concretizem.

Posso solicitar que haja um número interessante de reservas para os meus seminários. Mas eu tenho de fazer os convites, escrever as cartas, dar os telefonemas e fazer todas as coisas necessárias para o funcionamento desses programas. No final, os seminários que eu organizo podem não ter resultado de nenhum dos contatos que eu fiz originariamente, mas as reservas são feitas e eu sempre tenho a sensação de que estou na hora certa e no lugar certo.

Acredite: o Universo sabe o que está fazendo. Porque ele, de fato, sabe.

Capítulo Onze
O Jogo

No final das contas tudo se reduz ao fato de que a vida nada mais é do que um magnífico jogo do qual nós somos os jogadores. À medida que jogamos, estabelecemos as regras, e uma delas diz que nunca é muito tarde para mudar a estrada em que viajamos. A intuição nos ajuda a conhecer e a criar as regras, a mudar essas regras... e a estrada.

Regra Um: Você optou por estar aqui, então, esteja aqui plenamente. Viver o momento é o que importa. Com bastante freqüência, vivemos no passado ou no futuro, mas não é o caso agora. Você sabe o que é apreciar uma caminhada e desfrutar do local em que você se encontra no momento sem deixar que a sua mente se preocupe com o que terá de fazer quando voltar? É difícil para nós, seres humanos, manter os pensamentos apenas no presente. Fomos programados para olhar adiante ou para trás no tempo. Somente quando estamos no presente é que podemos construir o futuro. Isso parece paradoxal, mas é verdade.

Estar aqui agora significa desfrutar exatamente o lugar em que você se encontra num dado momento. Não fique ansioso pelo amanhã; ele chegará logo. E então você estará olhando para o próximo mês ou para o próximo ano. O amanhã cuidará de si mesmo; mas hoje... hoje você pode estar aqui e sentir as mensagens do coração que se manifestam agora. Encare a coisa deste prisma: e se não houver o amanhã? E se a única coisa de que tivesse certeza fosse o dia de hoje? O que aconteceria? Faria as coisas de maneira diferente? Ficaria aborrecido com alguém que você ama? Ficaria tão obcecado para saber se a louça do café da manhã foi lavada ou se a grama foi cortada? Você deixará de dizer que ama determinada pessoa?

Regra Dois: Da mesma forma que optou por estar nesta vida, também escolheu o seu corpo, os seus pais, os seus amigos e a atual situação da sua vida. Ninguém lhe fez nada, a não ser você mesmo. Pode ser que em determinadas épocas você não seja capaz de ver o que é possível extrair de determinada situação; mas pode estar certo de que, quando estiver no estado de total conhecimento, você dominará a situação e aprenderá as lições que precisa aprender nessa época.

Regra Três: Você consegue aquilo que deseja. A lei do Universo, a nossa habilidade de criar e manifestar, dá origem aos desejos do coração. Quando você fizer um pedido com clareza e sinceridade, será atendido.

Regra Quatro: Qualquer coisa em que pense com determinação ou para a qual direcione as suas energias será atraída por você. Se tem atitudes negativas, atrairá pessoas e circunstâncias que reforcem esse comportamento. Se, por outro lado, você for uma pessoa otimista, positiva, a sua vida refletirá a ordem divina, a felicidade e o bem-estar.

Regra Cinco: O Universo é abundante. Com freqüência, pensamos que o Universo é "limitado" em alimento, riqueza, recursos naturais, etc., mas os únicos limites são aqueles que impomos a nós mesmos e à nossa realidade.

Regra Seis: Você terá irrupções magníficas de crescimento espiritual, seguidas por um período de aparente calmaria. É nessa ocasião que a maioria das coisas acontece, é quando o nosso inconsciente está mais criativo. Parte do nosso aprendizado nesta vida é dedicado ao cultivo da paciência; por isso não devemos forçar o desabrochar da rosa, mas deixar que ela se abra no seu devido tempo.

Regra Sete: Você não poderá descobrir novos oceanos enquanto não criar coragem para se distanciar da praia. (Autor desconhecido.)

Regra Oito: Imagine que está adormecido, tentando acordar. Ao fazer isso estará começando a desvendar os mistérios da vida e a abrir o seu coração.

Regra Nove: A única coisa que você sabe é o que você não sabe. De fato, você não sabe o que não conhece!

Regra Dez: "Sob os céus, há uma época e um tempo apropriado para tudo." (Eclesiastes 3:1.)

Regra Onze: "Peça, e se lhe dará; procure, e encontrará; bata, e se lhe abrirá." (Mateus 7:7.)

Apêndice

Música para meditação*

Amazing Grace
   The New Earth Sonata, Quincey Jones, Chick Corea e Hubert Laws
Antarctica
   Vangelis
Deep Breakfast
   Ray Linch
Down to the Moon, In the Garden
   Andreas Vollenweider
Golden Voyage
   1-4 Bearns & Dexter
Journeys
   Native American Flute Music R. Carlos Nakai
Silk Road, Tunhaung, India, Ki
   Kitaro
The Lonely Shepard
   Zamphir

ONDE ENCONTRAR:

Backroads Music
2020 Bluebell Avenue
Boulder, CO 80302

Narada
Phone: (800) 862-7232

Sophia Bookshop
103 N. Pleasant Street
Amherst, MA 01002

Yes! Bookshop
1035 31st Street NW
Washington, DC

---

* A maioria das lojas de discos tem uma seção chamada "Música da Nova Era", onde pode ser encontrada grande parte das músicas aqui selecionadas.

Sugestões para leitura

Faraday, Ann. *The Dream Game.* Nova York, NY: Harper and Row, 1976.

Gawain, Shakti. *Creative Visualization.* Nova York, NY: Bantam Books, 1982.

_____. *Living in the Light.* Mill Valley, CA: Whatever Publishing, 1986.

Harmon, Wills e Howard Rheingold. *Higher Creativity.* Los Angeles, CA: Jeremy P. Tarcher, Inc., 1984.

Hutchison, Michael. *Megabrain.* Nova York, NY: Beech Tree Books, 1986.

St. Clair, David. *Instant ESP.* Nova York, NY: Signet Books, 1978.

Tart, Charles T. *Waking Up.* Boston: Shambhala, 1986.

Cursos

Center for Creative Consciousness
5355 N. Hacienda del Sol
Tucson, AZ 85718

Esalen Institute
Big Sur, CA 93920

Interface
552 Main Street
Watertown, MA 02172

Joy Lake
P.O. Box 1328
Reno, NV 89504

Monroe Institute
Rt. 1, Box 175
Faber, VA 22938

Oasis Center for Human Potential
7463 N. Sheridan Road
Chicago, IL 60626

Omega Institute
Lake Drive
RD2, Box 377
Rhinebeck, NY 12572

Revistas e outras publicações

Brain Mind Bulletin
P.O. Box 42211
Los Angeles, CA 90042

Institute of Noetic Sciences
P.O. Box 97
Sausalito, CA 94966-0097

Stillpoint Catalogue
Box 640
Meetinghouse Road
Walpole, NH 03608

The Donning Company / Publishers Catalog
5659 Virginia Beach Blvd.
Norfolk, VA 23502

O MISTÉRIO DA INTUIÇÃO

Brian Inglis

Joana D'Arc ouvia vozes. Stravinski e Mozart ouviam, em segundos, sinfonias inteiras. Einstein solucionava problemas sem a necessidade de raciocinar. Arquimedes resolvia os seus durante o banho. Churchill sentia-se protegido por certa mão que o guiava.

Por toda a história, as pessoas notaram a presença de uma força benéfica que intervém de tempos em tempos nas suas vidas, como que para ajudá-las e protegê-las — ou para puni-las. A fada madrinha das lendas populares e o anjo da guarda da tradição cristã são personificações dessa força. Sócrates dizia que havia consultado a "voz do seu *daimôn*" durante toda a sua vida, e "que ela nunca o desapontou". Kipling afirmava que não conseguia escrever a menos que o demônio que se instalara na sua pena o permitisse. "Tenho uma forte sensação", dizia Churchill, ao dirigir-se a uma platéia de mineiros durante a II Grande Guerra Mundial, "de que certa mão que me guia está sempre intervindo".

Em *O mistério da intuição*, Brian Inglis explora a evidência histórica e ainda atual dessa força. Talvez, em seu aspecto mais conhecido, ela possa se identificar com "as musas", a fonte de inspiração dos poetas e dos artistas, sem a qual, como dizia Kipling, "eles não passam de homens comuns". E muitos de nós já perceberam que "acaso" e "sorte" são termos pouco adequados quando se trata de explicar coisas como intuição, premonição, coincidências significativas e percepção extra-sensorial. "Não podemos saber o bastante neste estágio", conclui Brian Inglis, "para sermos dogmáticos quanto à origem desses estímulos; mas a evidência de que eles existem impressiona o suficiente para que se empreenda novamente uma pesquisa importante, deixando de lado preconceitos religiosos e materialistas."

* * *

Brian Inglis nasceu em Dublin, Irlanda, e formou-se pela Universidade de Oxford. Durante a II Guerra Mundial foi piloto da RAF, onde se tornou líder de esquadrilha. Depois disso, dedicou-se ao jornalismo como cronista e comentarista político.

EDITORA CULTRIX

COMO SUPERAR O STRESS
TREINAMENTO AUTÓGENO

Dr. Hannes Lindemann

O Treinamento Autógeno ajuda o homem moderno a manter o equilíbrio físico e espiritual ou a recuperá-lo. O uso de fórmulas de auto-sugestão ajuda a esquecer a ansiedade e a pressa da vida cotidiana. Os exercícios básicos desse treinamento, junto com as fórmulas propostas pelo Autor, levam a resultados surpreendentes: aumentam a capacidade de concentração, eliminam o nervosismo e as doenças psicossomáticas, tais como as úlceras, a asma e distúrbios sexuais. Além disso, consegue-se uma nítida melhora nos casos de comportamentos compulsivos, de hipocondria, de medo e de depressão.

Quem fizer regularmente os exercícios propostos neste livro notará um aumento no bem-estar físico, no equilíbrio interior e no rendimento no trabalho. Os exercícios, organizados justamente para as pessoas que não têm tempo ou não podem freqüentar cursos especializados, são descritos de forma simples e fácil, e as fórmulas apresentadas tiveram seus resultados práticos comprovados.

* * *

O autor, Dr. Hannes Lindemann, estudou medicina esportiva nas cidades de Posen, Marburgo e Hamburgo. Na juventude, ficou mundialmente conhecido por ter feito a travessia do Oceano num barco de lona, o menor de que se tem notícia nessas competições. As situações perigosas que teve de enfrentar, nessa e em outras ocasiões, só foram superadas graças à ajuda do Treinamento Autógeno. Seus conhecimentos sobre o tema "como sobreviver em situações de perigo" estão registrados nos vários livros que escreveu, todos de grande repercussão em todo o mundo.

EDITORA CULTRIX

PENSE POSITIVO

E. H. Shattock

O objetivo deste livro é mostrar o poder extraordinário da mente e estimular o uso desse poder em todas as situações do nosso dia-a-dia. Segundo o autor, a mente é muito mais do que pensamos que seja e todo progresso em direção à realização do nosso potencial tem de ser feito pela mente.

Para desenvolver esse potencial precisamos usar o que o autor chama de "instrumentos de acomodação e de ação", destinados a aumentar a energia que colocamos em nosso pensamento, ampliando, portanto, o campo de atuação da mente. Alguns desses instrumentos são bem conhecidos, como a concentração e a visualização, mas outros serão novos para muitos leitores.

O mais importante deles, porém, é a imaginação criativa, através da qual deixamos de impor limites aos tipos de conhecimento que desejamos adquirir, seja qual for o campo de nossas atividades. A leitura deste livro trará como resultado a obtenção de objetivos que antes pareciam estar totalmente fora do nosso alcance.

EDITORA CULTRIX

COMO SUPERAR O MEDO

SUSAN JEFFERS, Ph.D.

O que poderá estar impedindo você, neste instante, de ser a pessoa que você quer ser, vivendo a sua vida do jeito que você quer vivê-la?

O medo pode estar por trás de todas as respostas que venha a dar. Quer esteja ligado ao trabalho, aos relacionamentos, ao dinheiro, ou simplesmente à vida em geral, o medo poderá impedi-lo de fazer o que realmente quer e precisa fazer para crescer e sentir-se bem consigo mesmo. Quando impedido pelo medo, seus sentimentos tornam-se confusos, a dúvida se instala, assim como a frustração, a raiva e o desespero. Mas nada tem de ser assim.

Em *Como Superar o Medo*, a dra. Susan Jeffers convida-o a assumir o caminho da reaprendizagem para se libertar do tipo de atitude mental que automaticamente o impede de ultrapassar a barreira criada pelo medo. Com compreensão e bom humor ela mostra como é possível sentir medo e enfrentá-lo assim mesmo e, em seguida, sentir-se dotado com o tipo de energia que você experimenta quando está alegre, criativo, amoroso e generoso.

Baseados nas palestras e aulas inovadoras da dra. Jeffers, os conceitos e técnicas apresentados neste livro já inspiram milhares de pessoas a transformar a raiva em amor e a indecisão em ação.

EDITORA CULTRIX

A DÁDIVA DA ESPERANÇA

Robert L. Veninga

"Como sobreviver às armadilhas que a vida semeia no nosso caminho? Como sobreviver à perda de entes queridos? Como acreditar em Deus, ou na sacralidade da vida, quando tudo o que a faz rica e bela nos é repentinamente arrebatado?"

Decidido a encontrar as respostas, Robert Veninga foi ao encontro de centenas de pessoas que lhe contaram a experiência do sofrimento e como ficaram depois dele. "Aprendi muito durante esse processo. Aprendi que as pessoas podem tornar-se muito coléricas; mas também muito ternas. Aprendi que as pessoas se sentem muito solitárias após o sofrimento; mas também encontram uma força antes desconhecida. Acima de tudo, aprendi sobre a fé: por que as pessoas a abandonam e afinal retornam a ela, e como a fé conforma e sustenta, quando tudo o mais parece desolação e desânimo."

Em *A Dádiva da Esperança,* Robert Veninga reparte com o leitor suas descobertas de como superar a amargura. Descreve primeiro os estágios do sofrimento e suas características; fala depois das estratégias para a sobrevivência, refletindo finalmente, de forma reconfortante, sobre as situações extremas, quando a dor decididamente não se extingue e a morte parece a única solução.

Escrito em linguagem agradável e viva, calcado todo na realidade dos que sofreram a dor e a amargura, *A Dádiva da Esperança* inspira, apazigua a alma e oferece alternativas e alívio, mostrando como sair das profundezas do desespero e do desânimo e enxergar que na essência da vida humana se encontram os elementos fundamentais que ajudam muitos "heróis comuns" a sobreviverem: a aceitação, o perdão e a esperança.

EDITORA CULTRIX

RELAX

como vencer as tensões

Dr. Edmund Jacobson

A tensão nervosa é uma doença mais comum do que os resfriados e muito mais perigosa. Pode arruinar-nos a saúde de várias maneiras, diminuir a nossa produtividade e até mesmo abreviar a duração de nossa vida. Em RELAX: COMO VENCER AS TENSÕES, o Dr. Edmund Jacobson, destacado pioneiro no campo da terapia de relaxamento, explica ao leitor os métodos simples que ajudaram muitos milhares de pessoas a aliviar a tensão nervosa e a tornar suas vidas mais tranqüilas e plenas.

Não se propondo a fazer milagres nem dizendo-se um remédio infalível, os métodos de relaxamento do Dr. Jacobson demonstraram-se no entanto cientificamente eficazes para milhares de leitores do livro que os vêm usando com sucesso há vários anos, bem como para os numerosos médicos que os aplicaram a seus pacientes. RELAX ensina ao leitor a relaxar-se através de uma técnica que envolve o uso efetivo de energia muscular. Seus métodos simples capacitam os praticantes a diminuírem os efeitos da tensão nervosa em sua vida diária e ajudam-nos a evitar moléstias decorrentes da tensão, tais como alta pressão sangüínea, úlcera péptica, indigestão nervosa, espasmos do cólon e ataques cardíacos das coronárias.

Em sua edição original em inglês, publicada nos Estados Unidos, este livro alcançou enorme sucesso, o que deu motivo a sucessivas reedições, o que certamente há de acontecer com esta sua edição brasileira.

EDITORA CULTRIX

Outras obras de interesse:

VISUALIZAÇÃO CRIATIVA
Shakti Gawain

VIVENDO NA LUZ
Shakti Gawain e Laurel King

ALEGRIA E TRIUNFO
Lourenço Prado

HEI DE VENCER
Arthur Riedel

A ESTRELA-SEMENTE – A Vida no Terceiro Milênio
Ken Carey

TRANSMISSÕES DA ESTRELA-SEMENTE
Ken Carey

TERRA-CHRISTA
Ken Carey

VISÃO
Ken Carey

COMO ENFRENTAR OS PROBLEMAS DA VIDA
Haridas Chaudhuri

DESCUBRA E USE SUA FORÇA INTERIOR
Emmet Fox

O DESPERTAR DA CONSCIÊNCIA MÍSTICA
Joel S. Goldsmith

FORÇA INTERIOR
Carlos França

LEIS OCULTAS PARA UMA VIDA MELHOR
C.R. de Figueiredo

PONTE DE LUZ – Instruções Práticas para a Transformação Espiritual
LaUna Huffines

RECEITAS DE FELICIDADE
Ken Keyes, Jr. e Penny Keyes

O SIGNIFICADO DA FELICIDADE
Alan W. Watts

O SUBCONSCIENTE, FONTE DE ENERGIA
Erhard F. Freitag

NAS HORAS DE MEDITAÇÃO
F.J. Alexander

Peça catálogo gratuito à
EDITORA PENSAMENTO
Rua Dr. Mário Vicente, 374 – Fone: 272-1399
04270 – São Paulo, SP